Español Lengua Extranjera

Preparación al diploma de español

DELE C1

Rosa M.ª Pérez
Leonor Quintana

Usa este código para acceder al
BANCO DE RECURSOS
disponible en

Ẽ digital
ELE

www.anayaeledigital.es

edelsa

1.ª edición: 2024
2.ª impresión: 2025

© Edelsa, S. A. Madrid, 2024
© Autoras: Rosa M.ª Pérez, Leonor Quintana

Equipo editorial
Coordinación editorial: Mila Bodas
Edición: Pilar Justo
Diseño de cubierta y de interior: Carolina García
Maquetación interior: Alfredo Martín
Corrección: Carlos Miranda de las Heras
Locución y edición de audio: Alta Frecuencia y Bendito Sonido
Las locuciones en las que aparecen personajes famosos son adaptaciones de entrevistas reales. Sin embargo, las voces son interpretadas por actores.

Fotografías: 123RF

ISBN: 978-84-9081-875-6
Depósito legal: M-2747-2024

Impreso en España/*Printed in Spain*

- Las normas ortográficas seguidas en este libro son las establecidas por la Real Academia Española en su última edición de la Ortografía.
- Reservados todos los derechos. El contenido de esta obra está protegido por la Ley, que establece penas de prisión y/o multas, además de las correspondientes indemnizaciones por daños y perjuicios, para quienes reprodujeren, plagiaren, distribuyeren o comunicaren públicamente, en todo o en parte, una obra literaria, artística o científica, o su transformación, interpretación o ejecución artística fijada en cualquier tipo de soporte o comunicada a través de cualquier medio, sin la preceptiva autorización.

PAPEL DE FIBRA
CERTIFICADO

ÍNDICE

Instrucciones generales 4

■ Examen 1
Educación y formación 6
Prueba 1: Comprensión de lectura y uso de la lengua 8
Prueba 2: Comprensión auditiva y uso de la lengua 18
Prueba 3: Expresión, mediación e interacción escritas 22
Prueba 4: Expresión, mediación e interacción orales 24

■ Examen 2
Bienestar y salud 28
Prueba 1: Comprensión de lectura y uso de la lengua 30
Prueba 2: Comprensión auditiva y uso de la lengua 40
Prueba 3: Expresión, mediación e interacción escritas 44
Prueba 4: Expresión, mediación e interacción orales 46

■ Examen 3
Mundo laboral 50
Prueba 1: Comprensión de lectura y uso de la lengua 52
Prueba 2: Comprensión auditiva y uso de la lengua 62
Prueba 3: Expresión, mediación e interacción escritas 66
Prueba 4: Expresión, mediación e interacción orales 68

■ Examen 4
Ciencia, tecnología y transportes 72
Prueba 1: Comprensión de lectura y uso de la lengua 74
Prueba 2: Comprensión auditiva y uso de la lengua 84
Prueba 3: Expresión, mediación e interacción escritas 88
Prueba 4: Expresión, mediación e interacción orales 90

■ Examen 5
Manifestaciones artísticas 94
Prueba 1: Comprensión de lectura y uso de la lengua 96
Prueba 2: Comprensión auditiva y uso de la lengua 106
Prueba 3: Expresión, mediación e interacción escritas 110
Prueba 4: Expresión, mediación e interacción orales 112

■ Examen 6
Medios de comunicación y deportes 116
Prueba 1: Comprensión de lectura y uso de la lengua 118
Prueba 2: Comprensión auditiva y uso de la lengua 128
Prueba 3: Expresión, mediación e interacción escritas 132
Prueba 4: Expresión, mediación e interacción orales 134

■ Características y consejos 138

■ Pistas 156

INSTRUCCIONES GENERALES

INFORMACIÓN GENERAL

Los Diplomas de Español como Lengua Extranjera (DELE) son títulos oficiales de validez indefinida del Ministerio de Educación de España. La obtención de cualquiera de estos diplomas requiere una serie de pruebas.

El diploma DELE C1 equivale al nivel superior, el quinto de los seis niveles propuestos en la escala del *Marco común europeo de referencia para las lenguas (MCER)*. Acredita la competencia lingüística, cultural e intercultural que posee el candidato para:

- **Comprender una amplia variedad de textos extensos y con cierto nivel de exigencia** y reconocer en ellos sentidos implícitos.
- **Expresarse con fluidez y naturalidad** (usando expresiones idiomáticas, modismos y frases hechas) sin apenas esfuerzo, en todo tipo de situaciones y ámbitos.
- **Usar el idioma para fines sociales, académicos y profesionales** de forma flexible y efectiva.
- **Producir textos claros, bien estructurados y detallados** sobre temas complejos, mostrando un uso correcto de los mecanismos de organización, articulación y cohesión del texto.

https://examenes.cervantes.es/es/dele/examenes/c1

INSTRUCCIONES GENERALES

Como candidato a este examen, deberá:
- Presentarse con el pasaporte o documento de identificación (el mismo que haya presentado en el momento de la inscripción).
- Llevar **lápiz del número 2** (a veces los proporciona el centro de examen).
- Comprobar que sus datos están correctos en una «hoja de confirmación de datos» que se le da durante la prueba oral.
- Ser muy puntual.

En el examen hay que marcar las respuestas como se indica a continuación:

¡ATENCIÓN!
FORMA DE MARCAR

CORRECTA					INCORRECTA			
A	B	C	D		A	B	C	D
		■			/	●	○	✕

Te recomendamos visitar la dirección oficial de los exámenes *http//examenes.cervantes.es,* donde encontrarás fechas y lugares de examen, precios de convocatorias, modelos de examen y demás información práctica y útil para que tengas una idea más clara y precisa de todo lo relacionado con los exámenes.

ESTRUCTURA Y CONTENIDO DEL EXAMEN[1]

PRUEBA N.º 1 — Comprensión de lectura y uso de la lengua (90 minutos) 40 ítems

Esta prueba se encuentra en un cuadernillo junto con la prueba de Comprensión auditiva. Consta de las siguientes tareas:

Tarea 1 • **Comprender** las **ideas principales y complementarias y localizar información específica** en textos del ámbito público, educativo o profesional (650-750 palabras).
- Contestar seis preguntas de opción múltiple.

Tarea 2 • **Identificar** la **estructura** y la **relación entre las ideas** de textos del ámbito público, educativo o profesional (550-650 palabras).
- Reconstruir un texto con seis de los siete fragmentos que se ofrecen.

Tarea 3 • **Comprender** las **ideas principales y complementarias** de textos del ámbito público (550-650 palabras), identificando la opinión, intención o actitud del autor.
- Responder a seis preguntas de opción múltiple.

Tarea 4 • **Comprender** las **ideas principales y complementarias y localizar información específica** en textos del ámbito público, educativo o profesional (100-150 palabras).
- Relacionar ocho enunciados breves con los seis textos que se proponen.

Tarea 5 • **Identificar** las **estructuras gramaticales** correctas y el **léxico** adecuado en textos del ámbito público o educativo (375-425 palabras).
- Completar un texto con catorce huecos con una de las tres opciones que se ofrecen.

PRUEBA N.º 2 — Comprensión auditiva y uso de la lengua (50 minutos) 30 ítems

Esta prueba se encuentra en un cuadernillo junto con la prueba de Comprensión lectora. Consta de las siguientes tareas:

Tarea 1 • **Comprender** las **ideas principales** y los **detalles** de un **monólogo** del ámbito público, educativo o profesional (4,5-5,5 min).
- Identificar seis de los doce enunciados que corresponden a contenidos del texto.

Tarea 2 • **Comprender información específica en conversaciones** del ámbito personal, público o profesional (1,5-2 min), **identificando opiniones, intenciones o actitudes** de los hablantes.
- Responder a ocho preguntas de opción múltiple.

Tarea 3 • **Captar las ideas esenciales, extraer información concreta** e inferir posibles implicaciones en **conversaciones largas** del ámbito público o profesional (5-6 min).
- Responder a seis preguntas de opción múltiple.

Tarea 4 • **Identificar** el **significado** y la **intención comunicativa en diálogos** del ámbito personal, público, educativo o profesional (2,5-3,5 min) que contienen expresiones idiomáticas y/o coloquiales.
- Responder a diez preguntas de opción múltiple.

PRUEBA N.º 3 — Expresión, mediación e interacción escritas (80 minutos)

Tarea 1 • **Escuchar un monólogo** (4,5-5,5 min), tomar notas y **escribir un texto** (220-250 palabras) que contenga un **resumen,** una **valoración** y una **opinión** según las instrucciones dadas.

Tarea 2 • **Elegir** entre dos opciones: a) **Redactar** un **texto académico**, informe o artículo según un contexto dado a partir de información gráfica; b) **Redactar** una **carta** o un **correo formal** en respuesta a un texto breve.

PRUEBA N.º 4 — Expresión, mediación e interacción orales (20 minutos + 20 de preparación)

Tarea 1 • **Leer** un **texto** extenso de ámbito educativo o profesional (750-850 palabras), y **realizar** una **exposición oral** que resuma, valore y opine con argumentos sobre el tema.

Tarea 2 • **Participar** en una **entrevista** sobre el tema de la Tarea 1 respondiendo a preguntas **argumentando y ejemplificando** una postura.

Tarea 3 • **Conversar** con el examinador hasta **llegar a un acuerdo** para elegir, según un contexto, una opción de cuatro posibles.

---

[1] En los exámenes originales, los temas de cada una de las pruebas son diferentes entre sí. En este libro se ofrecen modelos de exámenes englobados por temas para facilitar el aprendizaje del vocabulario y el desarrollo de estrategias por parte del candidato.

examen 1

EDUCACIÓN Y FORMACIÓN

Modelo de examen 1

vocabulario

FICHA DE AYUDA
Para la expresión e interacción escritas y orales

LA UNIVERSIDAD

- Cátedra (la) ....
- Clase magistral (la) ....
- Claustro de profesores (el) ....
- Crédito (el) ....
- Decanato (el) ....
- Decano/a (el/la) ....
- Doctorado (el) ....
- Doctorando/a (el/la) ....
- Grado (el) ....
- Lector/-a (el/la) ....
- Licenciatura (la) ....
- Maestría (la) ....
- Memoria (la) ....
- Oposiciones (las) ....
- Rector/-a (el/la) ....
- Tesina (la) ....
- Tribunal de examen (el) ....

LA EVALUACIÓN

- Calificación (la) ....
- Evaluación del Bachillerato para Acceso a la Universidad (EBAU) (la) ....
- Matrícula de honor (la) ....
- Rectificación (la) ....
- Valoración (la) ....

EXPRESIONES

- Calentarse la cabeza ....
- Dormirse en los laureles ....
- Estar chupado ....
- Hacer la pelota/la vista gorda ....
- Romperse la cabeza ....
- Saber al dedillo ....
- Ser un fiera/un hacha ....

VERBOS

- Acreditar ....
- Adecuarse a ....
- Ajustarse a ....
- Calificar ....
- Clausurar ....
- Constar de ....
- Convalidar ....
- Deducir ....
- Denegar ....
- Emitir un informe ....
- Enumerar ....
- Especificar ....
- Estar constituido por ....

LA EDUCACIÓN

- Adquisición de conocimientos (la) ....
- Analfabetismo (el) ....
- Año lectivo/sabático (el) ....
- Centro acreditado (el) ....
- Didáctica (la) ....
- Disciplina (la) ....
- Docente (el/la) ....
- Educador/-a (el/la) ....
- Educación a distancia (la) ....
- Enseñanza *presencial* (no) reglada (la) ....
- Escolarización (la) ....
- Estrategia de aprendizaje (la) ....
- Etapa formativa/educativa (la) ....
- Expediente académico (el) ....
- Formación continua (la) ....
- Fracaso escolar (el) ....
- Materia troncal/optativa (la) ....
- Metodología (la) ....
- Reforma educativa (la) ....

VARIOS

- Archivador (el) ....
- Aula bimodal (el) ....
- Campus virtual (el) ....
- Charla (la) ....
- Clase presencial (la) ....
- Curso de reciclaje (el) ....
- Empollón/-a (el/la) ....
- Esbozo (el) ....
- Folio (el) ....
- Matrícula (la) ....
- Novato/a (el/la) ....
- Plantear una duda ....
- Regla mnemotécnica (la) ....
- Resguardo (el) ....
- Taller (el) ....

VERBOS

- Evaluar ....
- Expedir ....
- Exponer ....
- Homologar ....
- Impartir ....
- Inaugurar ....
- Optar ....
- Otorgar ....
- Razonar ....
- Sacar el curso ....
- Sintetizar ....
- Verbalizar ....

examen 1

PRUEBA 1 — Comprensión de lectura y uso de la lengua

Tiempo disponible para las 5 tareas. 90 min

TAREA 1

A continuación va a leer un texto sobre las academias. Elija la opción correcta, a), b) o c), para cada una de las preguntas, 1-6.

ACADEMIAS SIN TRAMPAS

Los cursos que se imparten en academias y centros de formación privados son enseñanzas no regladas; por lo tanto, los centros están obligados a informar de ello y no confundir a los ciudadanos mediante la publicidad en la que incluyan su oferta formativa. Del mismo modo deben evitar utilizar términos o denominaciones confusas. Por su parte, los estudiantes han de desconfiar de las academias que, en sus promociones, incluyan números de registro, autorizaciones o referencias a normativas de autoridades administrativas que induzcan a pensar que los estudios tienen algún reconocimiento oficial.

Una forma eficaz de evitar sorpresas o desacuerdos con la formación recibida es informarse de manera exhaustiva de todo lo concerniente al curso y al centro, que está obligado a exponerlo en un tablón de anuncios visible al público. Junto a estos datos identificativos de su titular debe figurar además información sobre la relación de cursos que se imparten, las condiciones de pago, el horario de atención y si se reconoce el derecho de desistimiento o si la empresa está adherida al sistema arbitral de consumo.

En relación a su oferta, las academias tienen el deber de facilitar folletos informativos que es conveniente conservar hasta la finalización del curso, ya que la información contenida en ellos, aunque no figure en el contrato, es vinculante si se quiere formular una reclamación. El folleto debe detallar lo siguiente:

1. Datos identificativos del centro y del titular de este.

2. Prestaciones pedagógicas o características de la enseñanza (debe constar que no es oficial).

3. Programa detallado del curso, con fechas de inicio y finalización, número de horas lectivas, horario y lugar donde se va a impartir y material necesario para su desarrollo.

4. Mínimo y máximo de alumnos por clase.

5. Titulación académica o cualificación profesional acreditada de los profesores.

6. Precio del curso: el coste de matrícula o inscripción y del material didáctico, y el importe de cada mensualidad o periodo de facturación pactado. Debe incluirse además la forma de pago.

7. Datos de la compañía aseguradora o entidad financiera cuando la academia tenga concertado un seguro o aval para garantizar las cantidades anticipadas.

8. Especificar si hay derecho de desistimiento y los plazos y condiciones de este.

Consejos para los estudiantes:

1. No hay que atender únicamente a la publicidad del curso. Es mejor informarse previamente y con detalle sobre el contenido, las horas lectivas, el número máximo y mínimo de alumnos y la formación del profesorado. Si aun así no se está convencido de la calidad de la formación, se pueden valorar ofertas alternativas.

2. Los códigos éticos que deben respetar los asociados de algunas organizaciones, como la Confederación Española de Centros de Formación y Academias Privadas o la Federación Española de Centros de Enseñanza de Idiomas, son una garantía adicional para el estudiante. Es preferible buscar academias entre sus miembros.

EDUCACIÓN Y FORMACIÓN
Comprensión de lectura y uso de la lengua

3. Las condiciones de pago deben ser negociables. Para evitar posibles problemas en caso de que deje de impartirse el curso, conviene optar por una academia que permita el pago a plazos frente a otra que exija el pago previo de la totalidad del curso.

4. Cuando se opte por abonar el importe a través de una entidad bancaria, es conveniente valorar distintas opciones y estudiar las condiciones particulares de cada una para elegir la que más se adecue a los intereses del alumno.

5. El estudiante debe conservar una copia del contrato firmado y de todos los documentos, facturas o recibos vinculados a este.

6. En ocasiones, los contratos con el centro de formación se firman en un lugar diferente al propio centro, como puede ser el domicilio del alumno. Si es así, debe recibir el contrato y un documento de revocación que le permite finalizarlo en un plazo de siete días sin alegar causa alguna.

7. Si la publicidad o el folleto del curso hace referencia a la realización de prácticas o la incorporación a una bolsa de empleo, hay que comprobar su veracidad y exigir información sobre los acuerdos con las empresas donde se realicen las prácticas o la actividad laboral.

8. Verificar si la convocatoria de oposición está vigente en los cursos destinados a la preparación de esta.

Adaptado de www.revista.consumer.es

Preguntas

1. Las academias y centros privados de formación:
   a) No deben publicitar todos los cursos que ofrecen para no confundir a los clientes.
   b) No deben hacer creer que los cursos de enseñanza no reglada tienen reconocimiento oficial.
   c) Han de incluir en sus folletos referencias a las normativas oficiales del sector.

2. Los folletos informativos de las academias:
   a) Se deben preservar para poder reclamar en caso de que el centro incumpla lo prometido.
   b) No tienen ninguna validez legal, ya que en caso de reclamación solo cuenta el contrato.
   c) Han de estar expuestos al público en un tablón de anuncios o en un lugar visible.

3. Cualquier academia:
   a) Ha de formar parte de alguna organización que tenga un código ético garantizado.
   b) Tiene la obligación de reconocer el derecho de desistimiento en cualquier momento.
   c) Está obligada a proporcionar información impresa suficiente a los estudiantes que lo soliciten.

4. A la hora de pagar hay que considerar que:
   a) El precio dependerá de las circunstancias personales de cada alumno.
   b) Para evitar problemas bancarios, al formalizar la matrícula hay que abonar la totalidad del curso.
   c) El pago fraccionado evitará disgustos en caso de suspensión de un curso por cualquier motivo.

5. Si el contrato no se firma en el centro de formación:
   a) Podrá anularse en una semana gracias al documento de revocación que se nos ha de facilitar.
   b) No es necesario justificar causa alguna para darlo por finalizado en cualquier momento.
   c) No tiene validez si se ha firmado en casa del alumno.

6. Siempre es aconsejable:
   a) Conservar todas las facturas hasta que el curso finalice.
   b) Optar por una financiación gestionada por la propia academia.
   c) Buscar una entidad financiera que respete el código ético de las academias.

EDUCACIÓN Y FORMACIÓN
Comprensión de lectura y uso de la lengua

TAREA 2

A continuación va a leer un texto del que se han extraído seis fragmentos. Después, lea los siete fragmentos, a)-g), y decida en qué lugar del texto, 7-12, va cada uno. Hay un fragmento que no tiene que elegir.

El estrés del profesor

El estrés que acompaña a los docentes de todas las etapas educativas se ha convertido en un malestar real que produce efectos nocivos en la salud a nivel tanto fisiológico como psicológico, y provoca la aparición de desgaste físico y psicológico que causa en el individuo sentimientos contradictorios: se sienten responsables de las personas que forman parte de su alumnado, así como de su futuro. **7.** _____ . En general, el prestigio de los profesionales de la educación se ha visto disminuido y ha sido sometido a la presión constante de la prensa, favoreciendo, de esta manera, la presencia de actitudes de cinismo, desidia o falta de implicación con los alumnos, absentismo y ausencia de compromiso profesional. **8.** _____ .

Por otro lado, presentan también diversos síntomas psicofisiológicos:

Conductuales: absentismo laboral, abuso de sustancias como la cafeína, el tabaco, el alcohol o diferentes fármacos, falta de motivación, trastornos asociados al aparato digestivo, etc.

9. _____ .

Emocionales: apatía, aburrimiento, cinismo, irritabilidad, distanciamiento afectivo con los alumnos como medida de protección, sentimientos de tristeza y desesperanza, baja autoestima, sentimientos de fracaso profesional y personal, disminución de la tolerancia a la frustración, impotencia, etc.

Conocido ya como «la enfermedad de la enseñanza», el paulatino agotamiento físico y psíquico conduce a los profesionales de la educación hacia una calidad de vida pobre y hacia problemas que impactan significativamente sobre su salud y la salud del sistema educativo en general. **10.** _____ . Entendiendo que el compromiso y la dedicación inherentes que se esperan de estos profesionales, así como una continua renovación de su perfil profesional y académico, requieren de adaptación y una constante predisposición de tiempo y recursos fuera del horario laboral.

Por otra parte, se debe mejorar el nivel de satisfacción laboral desde las instituciones, facilitando los recursos necesarios para que los profesores encuentren en su centro escolar un espacio profesional convenientemente adaptado, con suficiente estabilidad laboral que se refleje en contratos acordes al compromiso que se espera por parte del individuo y flexibilidad laboral, en un contexto en el que las jornadas no acaban en el aula, sino que continúan en el domicilio del docente, bien preparando contenido, bien calificando actividades o exámenes.

Además, sería interesante dotar a los profesionales de la educación de estrategias adecuadas para afrontar situaciones estresantes en el aula, ya que este mecanismo es fundamental para enfrentar el denominado «síndrome de desgaste profesional» o «síndrome de *burnout*». **11.** _____ . Aunque determinados factores de personalidad van a establecer, en gran medida, los estilos de afrontamiento utilizados, es posible entrenar a las personas para que puedan identificar la exposición a ciertos estímulos aversivos como una oportunidad de progresar profesional y personalmente. **12.** _____ .

Adaptado de www.value.universidadeuropea.com

EDUCACIÓN Y FORMACIÓN
Comprensión de lectura y uso de la lengua

Fragmentos

a) En resumen, esta profesión está viviendo, durante los últimos años, un cambio de percepción por parte de la sociedad hacia este colectivo.

b) De esta manera, aplicarán estrategias activas como la búsqueda de apoyo social o la expresión emocional abierta, y no evitativas como el conformismo, la evitación conductual o emocional o la reacción agresiva.

c) Por otro lado, perciben que son juzgados por la sociedad y que esta les hace responsables de los problemas que surgen en el entorno académico y que, sin embargo, traspasan atribuciones curriculares como la falta de valores sociales o educativos, el uso de violencia verbal o física o las adicciones, entre otros.

d) En esta línea, colectivos denominados «de servicio social», como las profesiones sanitarias o las educativas, son los que tienen un mayor índice de desgaste psicológico y emocional.

e) Es necesario que la sociedad, en su conjunto, esté dispuesta a dignificar y empoderar el papel del docente en todas las etapas educativas, reconociendo y abordando las dificultades a las que ha de hacer frente.

f) Psicosomáticos: fatiga crónica, cefaleas tensionales, trastornos del sueño, alteraciones gastrointestinales, taquicardias, tensión alta o baja, etc.

g) Cuando estas técnicas no se aplican de manera adaptativa, el individuo tiene una sensación de incapacidad, ya que se percibe que las demandas superan a los recursos con los que la persona cuenta.

EDUCACIÓN Y FORMACIÓN
Comprensión de lectura y uso de la lengua

TAREA 3

A continuación va a leer un texto sobre la traducción automática en el aprendizaje de idiomas. Después, elija la opción correcta, a), b) o c), para las preguntas, 13-18.

La traducción automática y el aprendizaje de idiomas

Aunque el uso de herramientas de traducción automática (TA) no afecta a la forma en que uno aprende un idioma nuevo, es una forma fácil y rápida de traducir un texto mediante una máquina que haga el trabajo en línea de forma instantánea. Estos sistemas utilizan tecnologías de aprendizaje automático para traducir cientos de miles de millones de palabras a través de Internet a diario. En este sentido, ya sea para descifrar un menú en un país extranjero o para comprender un sitio web, son muchos los que los utilizan, por no decir que se han convertido en una herramienta importante para quienes están aprendiendo una segunda lengua.

«Muchos de quienes estudian inglés como segunda lengua usan la TA para apoyar su aprendizaje», afirma la investigadora Natalia Resende. «Gracias al fácil acceso que tienen a estas aplicaciones a través de sus móviles, los estudiantes pueden obtener traducciones instantáneas solo escribiendo el texto, tomando una foto o incluso hablando», explica. Sin embargo, dado que los resultados ofrecidos por la TA no son totalmente correctos siempre, Resende decidió averiguar a través de un proyecto financiado con fondos europeos, el proyecto MTrill (este proyecto analiza la repercusión de los sistemas de TA en el aprendizaje y el tratamiento del inglés como segunda lengua; respecto a la adquisición del lenguaje, la investigación se centra en la capacidad de combinar correctamente palabras sueltas en una frase), la respuesta a la siguiente incógnita: «¿Influyen los resultados de la TA en sus usuarios de tal manera que cambian sus comportamientos lingüísticos en la segunda lengua para imitar lo que leen u oyen a través de la TA?».

Para empezar, realizó una encuesta a noventa hablantes de portugués brasileño con inglés como segunda lengua preguntando cómo y por qué utilizaban aplicaciones de TA basadas en la web. Descubrió que los estudiantes usaban estas aplicaciones principalmente como apoyo a su discurso en inglés y como un recurso para aprender vocabulario nuevo. A continuación, para comprender si estas aplicaciones podían influir en el procesamiento cognitivo de los estudiantes, realizó un experimento de persistencia sintáctica. El objetivo era ver si el comportamiento lingüístico en inglés de los participantes cambiaría tras usar la aplicación Traductor de Google. Para ilustrarlo, se podría tomar como ejemplo la oración *«the office table was broken»*, es decir, «la mesa de la oficina estaba rota». Este orden de palabras no existe en portugués, por lo que los lusófonos tienden a decir *«the table of the office was broken»*. Sin embargo, después de ver que la aplicación de TA traducía la oración como *«the office table was broken»*, los estudiantes adaptaron su comportamiento lingüístico para imitar la estructura alternativa del Traductor de Google al describir imágenes en inglés. «Este experimento muestra que la exposición a una alternativa sintáctica en inglés puede

EDUCACIÓN Y FORMACIÓN
Comprensión de lectura y uso de la lengua

conducir a que esa misma alternativa sintáctica se reutilice en discursos posteriores –destaca Resende–. Aunque esto puede ser correcto, llegan a ellas sin conocer las normas gramaticales para formar la oración».

Resende dice que la TA no debe considerarse un enemigo, sino un aliado en el proceso de aprendizaje lingüístico, pero que los desarrolladores de tecnologías del lenguaje deberían tener en cuenta su efecto en la cognición humana. Resende espera abordar algunos de estos retos y preguntas en futuras iniciativas. Su innovadora investigación ya ha sido publicada en varias revistas académicas de prestigio y presentada en diversas conferencias. También ha inspirado proyectos que están investigando con pares de lenguas distintas al portugués y el inglés.

Adaptado de www.cde.ual.es

Preguntas

13. Según el texto, los sistemas de traducción automática:
   a) Se usan principalmente para aprender idiomas.
   b) Están cada vez más extendidos.
   c) Resultan ineficientes para traducir menús.

14. Sobre la TA, Natalia Resende dice que:
   a) Un gran número de estudiantes de idiomas la utilizan.
   b) Dificultan el aprendizaje debido a su inexactitud.
   c) Europa ha costeado un proyecto para impulsar su uso.

15. Según el texto, la encuesta de Resende pretendía:
   a) Comprobar el nivel de inglés de los estudiantes portugueses.
   b) Averiguar la finalidad del uso de las aplicaciones de TA.
   c) Confirmar cómo los estudiantes de inglés adquirían nuevos términos.

16. Con su experimento posterior, Resende quería averiguar:
   a) Si los estudiantes de portugués eran persistentes.
   b) El porcentaje de uso de la herramienta entre los estudiantes.
   c) Si la traducción automática influía en el aprendizaje del idioma.

17. Según Resende:
   a) Al usar un orden de palabras distinto, la TA dificulta el aprendizaje.
   b) Estar expuesto a diferentes opciones sintácticas permite asimilar su uso.
   c) La herramienta impide el aprendizaje de reglas gramaticales.

18. La investigación de Resende:
   a) Ha influido en las tecnologías del lenguaje.
   b) Desaconseja el uso de la traducción automática.
   c) Ha motivado investigaciones similares con otras lenguas.

EDUCACIÓN Y FORMACIÓN
Comprensión de lectura y uso de la lengua

TAREA 4

A continuación va a leer varias reseñas de películas sobre temas educativos. Elija el texto, a)-f), que corresponde a cada enunciado, 19-26. Hay textos que deben ser elegidos más de una vez.

a) El club de los poetas muertos

Existen pocas películas que hayan conseguido llegar hasta el público tanto como esta impresionante y profunda creación dirigida por el australiano Peter Weir. La Academia Welton, un internado privado muy tradicional situado en las montañas de Vermont, va a comenzar el año lectivo con un nuevo profesor de Literatura, John Keating (Robin Williams), quien con métodos bastante heterodoxos logrará poco a poco que sus alumnos comiencen a pensar por sí mismos y les descubrirá que cada uno tiene en sus manos hacer de su vida algo extraordinario. Su arriesgada propuesta es recibida de distinta manera por unos adolescentes todavía inmaduros e idealistas y, aunque todo desemboca en tragedia, ninguno de ellos podrá olvidar jamás al profesor que les cambió para siempre. La música de Maurice Jarre no tiene desperdicio.

b) Diarios de la calle

Erin Gruwell es una joven, recién licenciada, que se siente muy orgullosa de su padre, un liberal que luchó en su época por los derechos civiles. Deseosa de estar a la altura de su progenitor, consigue trabajo en el conflictivo Instituto Wilson, de Long Beach, donde los experimentos de integración racial en las aulas en las que conviven adolescentes de todas las razas no parecen estar dando los resultados deseados. La protagonista aparece ante todos los que le rodean –la directora del departamento Margaret, los otros profesores, su marido, su padre, sus alumnos– como alguien ingenuo que en poco tiempo descubrirá la crueldad de la vida y cuyos buenos deseos no bastan para ayudar. Sin embargo, lejos de rendirse, sigue esforzándose por ganarse a sus alumnos. Y a partir de la caricatura que un chico ha pintado de otro compañero, empezará la larga ascensión para obtener la confianza de sus alumnos.

c) Rebelión en las aulas

Al instituto de East End llega un ingeniero sin trabajo que acepta un empleo como profesor de un grupo de estudiantes bastante conflictivos de la periferia de Londres. Al principio intenta ganarse su confianza utilizando los métodos tradicionales, pero fracasa tan estrepitosamente que no tendrá más remedio que recurrir a otras fórmulas. La manera de educar del profesor Thackeray, sus valores y su trato con esta juventud de la década de 1960, modificará la conducta de los muchachos, unos jóvenes insolentes y groseros que, en el fondo, no tienen malos sentimientos.

Magnífica película de James Clavell que juega también con el elemento racial al colocar a un hombre de color en el ingrato papel de profesor. Un perfecto Sidney Poitier clavó el personaje. Peter Bogdanovich se atrevió a rodar con él una secuela en 1996.

d) Cadena de favores

Comienza el curso y el nuevo profe de Sociales propone a sus alumnos un trabajo: «Piensa una idea para hacer del mundo un sitio mejor». A Trevor, un chaval muy espabilado, se le ocurre un curioso sistema: hacer favores incluso antes de que te los hagan a ti. Es decir, no devolver favores, sino pagarlos por adelantado, y no necesariamente a quien te lo hizo a ti, y así hasta el infinito y más allá.

Que nadie piense, por el argumento, que esta peli es una cursilada. Mimi Leder dirige un drama sensible con tres espléndidos actores que dan lo mejor de sí. La exploración del dolor que ocasiona el matrimonio roto de los padres de Trevor y la creación de un profesor nada estereotipado que va como derrotado por la vida justifican sobradamente el visionado de este filme.

EDUCACIÓN Y FORMACIÓN
Comprensión de lectura y uso de la lengua

e) Mentes peligrosas

Una inexperta licenciada en Literatura y antigua marine, Lou Anne (Michelle Pfeiffer), acaba de sufrir una crisis matrimonial que ha desembocado en divorcio. Con la intención de olvidar ese amargo trago, concentra todos sus esfuerzos en dar clases en el colegio donde es contratada. La sorpresa de encontrar trabajo enseguida se explica por los alumnos que le han tocado: un grupo de chicos difíciles, cada uno de los cuales es un problema social en sí mismo. Son chicos inteligentes de baja extracción social, poco disciplinados y nada motivados. Pero, aunque la tarea es difícil y la rigidez de la dirección del centro no ayuda, ella intentará que los chicos lleguen a graduarse.

El filme se enmarca en la tradición de películas con profesor que se enfrenta a alumnos difíciles. El educador debe ingeniárselas para inventar métodos capaces de atraer la atención de sus pupilos. Lou Anne centra sus enseñanzas en la noción de elección, omnipresente en la película: la vida está llena de opciones y, en la medida que se elige, uno va haciéndose mejor o peor.

f) Música del corazón

El mundo de Roberta Guaspari se hizo pedazos cuando su marido la abandonó con sus dos hijos pequeños. Como muchas mujeres, Roberta había sacrificado su carrera porque no era compatible con la de su marido y ahora se encuentra sola y en una precaria situación. Ante estas circunstancias, se propone recuperar sus viejos conocimientos de música y su colección de violines con el objetivo de ofrecerse a dar clases en un instituto. Luchando contra viento y marea, consigue crear un sólido programa de violín en su instituto de Harlem que ilusiona a un montón de chavales que nunca habrían podido soñar con tocar el citado instrumento. La película se inspira en hechos reales y en *Small Wonders*, documental nominado al Óscar. La música es estupenda, e incluye una canción de Gloria Estefan, que interpreta también un pequeño papel. Meryl Streep, la mejor actriz del momento pese a quien pese, borda su interpretación. ¡Hasta aprendió a tocar el violín!

Adaptado de www.decine21.com

Enunciados

19. El proyecto de la protagonista abre a sus estudiantes un mundo en el que nunca antes habían pensado.

20. En esta historia, el profesor no se presenta con el aire de un triunfador en la vida como es lo habitual.

21. Muchas películas reflejan la situación multicultural de la sociedad, pero esta marcó un hito al presentar a un protagonista de color.

22. El sufrimiento de los hijos tras el divorcio de sus padres queda patente en esta producción.

23. Conseguir emular a su padre es un incentivo vital para el personaje central de esta historia.

24. Esta película, sin final feliz, ha conseguido emocionar al público como pocas.

25. La idea central del filme es la posibilidad de elegir y ser lo que somos en función de nuestras preferencias.

26. Una conocida cantante aparece en este filme.

EDUCACIÓN Y FORMACIÓN
Comprensión de lectura y uso de la lengua

TAREA 5

A continuación va a leer un texto sobre la Informática Humanística. Elija la opción correcta, a), b) o c), para completar los huecos, 27-40.

La Informática Humanística: una disciplina del siglo XXI

Un artículo publicado en la revista *Incipit* (n.º XXIII) titulado «La Informática Humanística: notas volanderas desde el ámbito hispánico» ____27____ tanto de la fascinación sobre esta nueva disciplina científica como del lamento por su escasa presencia en suelo hispánico ____28____ lo que estaba sucediendo en otros países europeos, especialmente en Italia. Cinco años después, las distancias y abismos abiertos por aquel ____29____ entre nosotros y el mundo anglosajón (mucho más avanzado en el tema) y la experiencia de otros países europeos ____30____ casi insalvables. Y aún lo serán más si no ponemos ____31____ en estos momentos de cambio y transformación de nuestros sistemas educativos.

La Informática Humanística, como disciplina docente, nace de una necesidad, de la presencia cada vez más habitual, tanto en nuestra vida cotidiana como profesional, de las tecnologías de la información y de la comunicación (TIC) que están ____32____ nuestros modos de aprendizaje, de conocimiento, de difusión, de acceso a la información, de creación, de investigación, etc.

Gracias a la Informática Humanística, el alumno no ____33____ un abismo entre sus modos de conocimiento y expresión habituales y aquello que le enseñan en la universidad. Por otro lado, le acerca al mercado laboral, donde las herramientas informáticas abren nuevas posibilidades de trabajo. Nuevos campos de estudio y de investigación surgen día ____34____ día a nuestro alrededor. Tanto los filólogos de antes –en el nuevo sistema universitario parece que el nombre de Filología está ____35____ – como también los que nos dedicamos a conocer y editar los textos medievales tenemos en la informática un aliado. Pero si no ____36____ estos dos campos, el de la Filología y el de la Informática, el de las nuevas herramientas y medios de transmisión que se ponen en nuestras manos, difícilmente saldremos de los ____37____ de la resignación, de esta sensación de impotencia que parece que se ha apoderado de los estudios humanísticos y que terminará sepultándonos bajo la arena de una tormenta de silencio, condenándonos a más de cien años de soledad. Está en nuestra mano que el futuro no ____38____ con tonos tan trágicos, tan negros.

EDUCACIÓN Y FORMACIÓN
Comprensión de lectura y uso de la lengua

Las redes de recursos y la posibilidad de crear estándares para poder compartir la información digital que se ha generado en los diferentes proyectos son dos de ____**39**____ de trabajo que nos permiten mirar cara a cara a los grandes centros de investigación del resto del mundo.

La Informática Humanística es un campo en el que tanto la investigación como los estudios medievales adquieren nuevas perspectivas y posibilidades. Pero si los portales con materiales y textos medievales se hacen al margen de los humanistas especialistas en los temas, estamos abocados _____**40**_____ seguir padeciendo cementerios de datos, en los que la cantidad se convierte en un canto de sirenas que nos embruja, pero que nos aleja del conocimiento. Y la Informática Humanística es, sin duda, una de las puertas que se nos ha abierto en el siglo XXI.

Adaptado de http://eprints.ucm.es

Opciones

27.	a) hacía cuenta	b) me daba cuenta	c) daba cuenta
28.	a) frente a	b) enfrente de	c) al frente de
29.	a) entonces	b) época	c) quinquenio
30.	a) se hicieron	b) se han hecho	c) se hiciesen
31.	a) escarmiento	b) medio	c) remedio
32.	a) rebelando	b) revolucionando	c) revolviendo
33.	a) había encontrado	b) encuentre	c) encuentra
34.	a) sobre	b) en	c) a
35.	a) expulsado	b) vetado	c) marchado
36.	a) anudamos	b) aunamos	c) amalgamamos
37.	a) susurros	b) aullidos	c) lamentos
38.	a) se pinte	b) se pintara	c) se pintará
39.	a) los motores	b) las maquinarias	c) las bovinas
40.	a) en	b) a	c) hasta

examen 1

PRUEBA 2 — Comprensión auditiva y uso de la lengua

Tiempo disponible para las 4 tareas. 50 min

TAREA 1

A continuación escuchará una conferencia sobre la importancia de los idiomas en el ámbito laboral en la que se tomaron algunas anotaciones. La oirá dos veces. Después, elija las seis anotaciones que corresponden a esta conferencia, 1-6, entre las doce que se le ofrecen, a)-l).

Anotaciones

a) El desarrollo tecnológico de los sistemas de información y de comunicación determina el actual modelo social y económico.

b) La globalización conlleva avances tanto de índole económica como social.

c) Recibir un producto acabado de una fábrica no significa que allí se hayan realizado todas las fases de su producción.

d) La pluralidad de países implicados en la fabricación y comercialización de un producto evidencia la necesidad de saber idiomas para garantizar la mejora de la competitividad de las empresas.

e) La gran diversidad de personas que colaborarían en la producción de un determinado producto plantearía dificultades.

f) Los certificados de idiomas suelen ser muy valorados por los departamentos de personal.

g) Las empresas compiten entre sí por ofrecer una mayor diversidad lingüística en un mercado global.

h) Conocer otros idiomas nos permite afrontar nuevos retos y entender el mundo global en el que vivimos.

i) Aprender un idioma puede dificultar el profundizar en otras materias o áreas de conocimiento.

j) Los idiomas no son requisito en aquellos empleos relacionados con el medioambiente.

k) Para una mejor integración de los inmigrantes es fundamental que haya personas con conocimientos de los idiomas que hablan.

l) Hablar otra lengua permite relacionarse con personas cultas de diferentes países.

a)	b)	c)	d)	e)	f)	g)	h)	i)	j)	k)	l)

EDUCACIÓN Y FORMACIÓN
Comprensión auditiva y uso de la lengua

TAREA 2

A continuación escuchará cuatro conversaciones. Oirá cada una dos veces. Después, seleccione la opción correcta, a), b) o c), para cada pregunta, 7-14.

Preguntas

Conversación 1

7. Según la abuela, el niño no debería ir todavía al colegio porque:
   a) Ella puede cuidarlo y quiere estar con él por las mañanas.
   b) A esa edad no aprenden nada y luego hay mucho fracaso escolar.
   c) Los padres son los únicos responsables de su educación.

8. El padre cree que la escolarización temprana es positiva porque:
   a) Contribuye al desarrollo emocional de los niños.
   b) Permite que las madres sigan con su carrera profesional.
   c) El contacto con otros niños les ayuda a aprender antes a leer y a escribir.

Conversación 2

9. La mujer:
   a) Busca una novela de terror interesante.
   b) No sabe bien qué libro quiere comprar.
   c) No compra la obra de Lorca porque son muchos volúmenes.

10. El hombre:
   a) Le aconseja una novela que tuvo mucho éxito.
   b) Le recomienda una novela que acaba de leer.
   c) Le dice que tiene un mes si necesita devolver el libro.

Conversación 3

11. Según el hombre:
   a) Es frecuente que los jóvenes no sepan qué estudiar.
   b) El test solo se puede hacer a través de la plataforma que ofrecen.
   c) Antes de realizar el test hay que pasar una entrevista personal.

12. En relación al test, la mujer:
   a) Está decidida a que su hija lo haga en las instalaciones de la consultoría.
   b) No parece muy convencida al saber que se realiza por Internet.
   c) Piensa que el lugar donde se realice es un detalle sin importancia.

Conversación 4

13. La funcionaria que atiende al señor dice que:
   a) Se pueden cursar dos carreras diferentes el primer año.
   b) Solo si ha aprobado íntegro el primer curso, puede simultanear estudios.
   c) La matrícula de una segunda carrera es gratuita.

14. Hay que abonar la matrícula:
   a) Antes de hacer el seguro médico.
   b) En la secretaría de la facultad donde se va a estudiar.
   c) En una oficina bancaria y llevar el justificante de pago.

EDUCACIÓN Y FORMACIÓN
Comprensión auditiva y uso de la lengua

TAREA 3

A continuación escuchará una entrevista sobre la educación imaginativa. La oirá dos veces. Después, seleccione la opción correcta, a), b) o c), para cada pregunta, 15-20.

Preguntas

15. Sobre la capacidad imaginativa, la entrevistada afirma que:
   a) No es cierto que se desarrolle en la edad adulta.
   b) Los bebés no tienen todavía esa capacidad.
   c) En la edad adulta se tiene más que en la niñez.

16. De las cinco fases de la imaginación:
   a) La somática es la que aparece en primer lugar.
   b) La romántica de la adolescencia se caracteriza por la fantasía.
   c) La más creativa coincide con la aparición del lenguaje.

17. De acuerdo con el texto, los adolescentes:
   a) Tienden a imaginar su futuro con una cierta serenidad.
   b) Se decepcionan al ver que el mundo no es como pensaban.
   c) Se plantean muchas preguntas filosóficas para entender todo.

18. De la entrevista se deduce que:
   a) No debemos buscar respuestas en nosotros mismos.
   b) Callarse impide a uno escuchar a los otros.
   c) La mente se altera en la fase de imaginación adulta.

19. Adriana Grimaldo comenta que:
   a) Resulta imposible que un adulto carezca de imaginación.
   b) En México, la actividad sísmica fomenta la imaginación.
   c) En los últimos años, la imaginación ha perdido sofisticación.

20. En la entrevista se dice que:
   a) La falta de desarrollo de habilidades sociales provoca tristeza.
   b) Activar el movimiento del cuerpo aumenta la imaginación.
   c) Dedicar demasiado tiempo a la casa disminuye la creatividad.

EDUCACIÓN Y FORMACIÓN
Comprensión auditiva y uso de la lengua

TAREA 4

Usted va a escuchar diez breves diálogos. Escuchará cada uno dos veces. Después, seleccione la opción correcta, a), b) o c), para cada pregunta, 21-30.

Preguntas

Diálogo 1
21. Luisa le contesta a su amiga que:
- a) La prueba le había costado mucho.
- b) No supo qué escribir.
- c) Prefiere no hablar del tema.

Diálogo 2
22. A la pregunta de Pepe, Alberto responde que:
- a) Había estudiado mucho.
- b) No había podido estudiar.
- c) No quiere decirle la verdad.

Diálogo 3
23. Marina responde que el examen:
- a) Era muy difícil.
- b) Tenía preguntas ambiguas.
- c) Le resultó muy fácil.

Diálogo 4
24. Aquel día el profesor dijo en clase que:
- a) Debían seguir trabajando.
- b) No habían obtenido un buen resultado.
- c) No estaba satisfecho con los resultados.

Diálogo 5
25. En relación con su nota de Física, Rocío:
- a) Está disgustada.
- b) No está de acuerdo.
- c) Se muestra muy contenta.

Diálogo 6
26. Sobre la nota de Gema, las que hablan están:
- a) Contrariadas.
- b) Sorprendidas.
- c) Exultantes.

Diálogo 7
27. Fermín opina que el profesor es:
- a) Tolerante.
- b) Demasiado severo.
- c) Bastante meticuloso.

Diálogo 8
28. El sentimiento hacia la clase de Miguel es de:
- a) Solidaridad.
- b) Satisfacción.
- c) Enfado.

Diálogo 9
29. Bea opina que el profesor es:
- a) Influenciable.
- b) Honrado.
- c) Imparcial.

Diálogo 10
30. Neus, en clase, está:
- a) Concentrada.
- b) Distraída.
- c) Participativa.

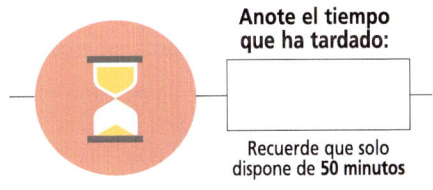

Anote el tiempo que ha tardado:

Recuerde que solo dispone de **50 minutos**

examen 1

PRUEBA 3  **Expresión, mediación e interacción escritas**

 Tiempo disponible para las 2 tareas.

TAREA 1

A continuación escuchará parte de una conferencia sobre la educación desde la diferencia. La escuchará dos veces y podrá tomar notas. Después, redacte un artículo de opinión (220-250 palabras) sobre ese tema en el que deberá:

- Hacer una introducción sobre el tema.
- Resumir los puntos principales de la conferencia.
- Opinar sobre la propuesta de Skliar y valorar sus efectos en la sociedad actual.

TAREA 2

Elija una de las siguientes opciones* y redacte un texto formal (180-220 palabras) según las indicaciones que se le dan en cada opción.

Opción 1

Usted quiere realizar un doctorado en España y ha leído el siguiente anuncio en una página web. Escriba una carta de solicitud para uno de los programas, siguiendo las pautas indicadas en el anuncio.

En su carta debe:

- Solicitar la admisión en uno de los siguientes programas de doctorado.
- Especificar el periodo al que desea acceder según su titulación y los estudios realizados.
- Justificar la elección del programa específico según sus objetivos personales.

La UNED le ofrece la posibilidad de matricularse en sus nuevos programas de doctorado actualizados y adaptados al Espacio Europeo de Educación Superior.

Programas:
8301	DOCTORADO EN TRATAMIENTO EDUCATIVO DE LA DIVERSIDAD EN EL MARCO DE LA UNIÓN EUROPEA
8302	DOCTORADO EN INNOVACIÓN E INVESTIGACIÓN EN DIDÁCTICA
8303	DOCTORADO EN INVESTIGACIÓN E ORGANIZACIÓN E INNOVACIÓN DE LAS INSTITUCIONES EDUCATIVAS
8306	DOCTORADO EN INVESTIGACIÓN E INNOVACIÓN EN DIAGNÓSTICO Y ORIENTACIÓN EDUCATIVA
8307	DOCTORADO EN TEORIA DE LA EDUCACIÓN Y PEDAGOGÍA SOCIAL
8308	DOCTORADO EN COMUNICACIÓN Y EDUCACIÓN EN ENTORNOS DIGITALES

Quienes deseen realizar estos estudios deben:

- Solicitar la admisión en un programa concreto según titulación y estudios realizados.
- Justificar su elección según sus objetivos personales.
- Cumplir los requisitos para el acceso y admisión al programa.
- Justificar la elección del programa específico según sus objetivos personales.

EDUCACIÓN Y FORMACIÓN
Expresión, mediación e interacción escritas

Opción 2

Usted es estudiante de bachillerato y colabora como redactor en la revista de su instituto. Prepare un artículo para el número de este mes con la información sobre las becas para el próximo curso.

En el artículo deberá:

- Hacer una introducción al tema.
- Proporcionar los datos que interesan a sus compañeros sobre las becas para bachillerato.
- Dar su opinión sobre el procedimiento y si la cuantía es adecuada o insuficiente.

¿QUÉ ESTUDIOS CUBREN?

- ✓ Enseñanzas universitarias de grado y máster
- ✓ Curso de preparación para la universidad para mayores de 25 años
- ✓ Primer y segundo curso de bachillerato
- ✓ Formación profesional de grado medio y de grado superior
- ✓ Enseñanzas artísticas profesionales
- ✓ Enseñanzas artísticas superiores
- ✓ Enseñanzas deportivas
- ✓ Estudios religiosos superiores
- ✓ Estudios de idiomas realizados en escuelas oficiales de titularidad de las administraciones educativas
- ✓ Cursos de acceso y de preparación para el posterior estudio de formación profesional
- ✓ Ciclos formativos de grado básico

¿CÓMO SOLICITARLAS?

La solicitud se deberá cumplimentar mediante el formulario accesible por vía telemática en:

https://sede.educación.gob.es/sede/loging/inicio.jjsp?idConvocatoria=1880

- El sistema pide identificarse.
- Puede hacerse mediante Cl@ve, o bien con el DNI y la contraseña asignada en la cuenta de la sede electrónica del Ministerio.
- No es necesario adjuntar documentación a la solicitud.

REQUISITOS

GENERALES

- Ser español o poseer la nacionalidad de un Estado miembro de la Unión Europea.
- En el caso de extranjeros no comunitarios, pueden optar si se tiene permiso de residencia.
- Estar matriculado en uno de los estudios que abarcan las becas.
- No tener ya un título de nivel similar o superior al que se está matriculado.

ECONÓMICOS

- No superar los umbrales de renta.
- No tener una suma del valor de las fincas urbanas o rurales superior a 42 900 euros.
- No tener rendimientos netos del capital mobiliario más las ganancias patrimoniales de la unidad familiar superiores a 1700 euros.
- No tener ingresos procedentes de actividades económicas o participación en entidades superiores a 155 500 euros.

ACADÉMICOS

Mantener un determinado aprovechamiento en los estudios.

Adaptado de https://cincodias.elpais.com

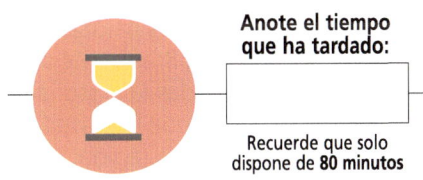

Anote el tiempo que ha tardado:

Recuerde que solo dispone de **80 minutos**

* Nota: por cuestión de espacio, se ha invertido el orden de las opciones. En el original aparece primero la opción 2 (que sería la 1).

examen 1

PRUEBA 4 — Expresión, mediación e interacción orales

 **Tiempo disponible para las 3 tareas.**

 **Tiempo de preparación.**

TAREA 1

EXPOSICIÓN ORAL

Usted debe hacer una exposición oral (3-5 minutos) sobre el tema del siguiente texto. Durante la lectura puede tomar notas y consultarlas, pero no hacer una lectura de estas.

En su exposición debe:

- Resumir los puntos principales del texto.
- Valorar el texto (interés, novedad, intención del autor, lógica de los argumentos, etc.).
- Opinar sobre el tema.

Debate entre educación pública y privada en América Latina

El debate entre educación pública y privada nos acompaña desde hace tiempo, pero no parece haber una respuesta clara. Por un lado, la pública se ve como la opción más asequible, ya que se financia con impuestos; por lo tanto, una de sus ventajas es que se proporciona de forma gratuita, en la mayoría de los casos. Entre sus desventajas está el hecho de que puede haber más estudiantes en un salón de clases que en una escuela privada y, a veces, la calidad de la enseñanza no es tan buena. Por otro lado, se argumenta que la privada brinda mejores oportunidades, ya que permite un aprendizaje en un entorno más individualizado. Son escuelas financiadas de forma privada en las que los padres pagan la matrícula de sus hijos; suelen tener clases más pequeñas y los docentes suelen estar mejor calificados. Finalmente, hay quienes creen que la pública no es lo suficientemente buena, y que los niños deberían poder elegir qué tipo de educación quieren.

La escuela pública es uno de los pilares de la democracia y un factor clave de movilidad social. En América Latina, también se ven como una forma de mantener a las personas en su lugar. La región tiene algunas de las escuelas más segregadas del mundo, y los estudiantes de las escuelas públicas, a menudo, enfrentan discriminación basada en su origen étnico o estatus socioeconómico. A pesar de estos desafíos, la educación pública sigue siendo vista como la mejor esperanza para muchos jóvenes en América Latina, ya que, además de ser más baratas, brindan un entorno de aprendizaje más diverso. En muchos países, como en Brasil y México, las escuelas públicas deben enseñar una amplia gama de materias, incluidas la Historia y la Geografía desde una perspectiva regional, lo que, sin duda, favorece que los estudiantes aprendan sobre su patrimonio cultural y comprendan la diversidad de su región.

EDUCACIÓN Y FORMACIÓN
Expresión, mediación e interacción orales

Por otro lado, este tipo de escuelas a menudo se consideran en desventaja en comparación con las privadas, ya que la financiación del gobierno no suele ser suficiente, lo que significa que este tipo de centros carece de recursos tales como buenos libros de texto, tecnología actualizada y maestros cualificados. Además, sus planes de estudios no están actualizados totalmente ni están diseñados para satisfacer las necesidades de los estudiantes del siglo XXI.

La mayoría de la gente estaría de acuerdo en que uno de los propósitos principales de la educación pública es proporcionar a los niños las habilidades básicas que necesitan para ser miembros productivos de la sociedad. Sin embargo, en muchos países, incluidos algunos de América Latina, este no es el caso. En cambio, las escuelas públicas son utilizadas como una herramienta de adoctrinamiento por parte del gobierno. Las desventajas de este sistema son obvias. Los niños que son adoctrinados desde una edad temprana a menudo se convierten en autómatas irreflexivos, que siguen ciegamente cualquier cosa que su gobierno les diga que hagan. Esto puede llevar a consecuencias desastrosas, como hemos visto en muchos casos a lo largo de la historia.

Se supone que la educación consiste en enseñar a los niños cómo pensar por sí mismos y tomar decisiones informadas. Cuando se utiliza para el adoctrinamiento, en cambio, se convierte en nada más que una herramienta de control por parte del gobierno. Esto es un perjuicio para nuestros niños y nuestra sociedad en su conjunto.

Entonces, ¿son las escuelas privadas realmente mucho mejores que las públicas? La educación privada se ha convertido en una opción popular para los estudiantes en América Latina. Si bien las escuelas públicas están disponibles, las escuelas privadas a menudo ofrecen mejores instalaciones, clases más pequeñas y una atención más individualizada. Además, muchos padres sienten que una educación privada preparará mejor a sus hijos para la universidad.

Enviar a su hijo a una escuela privada tiene ventajas y desventajas. En el lado positivo, las escuelas privadas suelen tener altos estándares académicos y maestros bien cualificados. También ofrecen una amplia variedad de actividades extracurriculares, que pueden ayudar a desarrollar los intereses y talentos de su hijo.

La desventaja es que las escuelas privadas suelen ser más caras, pero, al mismo tiempo, tener menor número de estudiantes por clase y maestros más experimentados, lo que puede conducir a una mejor educación para los estudiantes. Sin embargo, el hecho de no estar obligadas a aceptar a todos los estudiantes que desean acceder a estudiar en ellas, puede generar discriminación. Además, muchas de estas escuelas son instituciones religiosas y enseñan valores religiosos, por lo cual el tema del adoctrinamiento de algún tipo no está del todo exento en la educación privada.

En conclusión, la forma en que somos educados tiene un gran impacto en nuestra economía. Nuestro sistema educativo ofrece muchos cursos diferentes que pueden ayudarnos a tener éxito en nuestras futuras carreras.

Adaptado de www.la.network

EDUCACIÓN Y FORMACIÓN

Expresión, mediación e interacción orales

TAREA 2

ENTREVISTA SOBRE UN TEMA

Usted debe mantener una conversación con el entrevistador (4-6 minutos) sobre el tema del texto de la Tarea 1. En la conversación, usted debe:

- Dar su opinión sobre el tema.
- Justificar su opinión con argumentos.
- Rebatir, si procede, las opiniones que exprese su interlocutor.

Modelo de conversación

1. Opinión del candidato y justificación.
¿Cuál es su opinión respecto a este tema? ¿Podría comentarla?

2. Ampliación del tema por parte del examinador (ejemplos).
- ¿Qué opinión le merece la diferencia que se hace en el texto entre escuelas públicas y privadas? ¿Está de acuerdo con ella?
- Si piensa en su país, ¿cree que el número de alumnos que asisten a escuelas privadas es superior al de las públicas? ¿O considera que son más los padres que eligen escuelas públicas para sus hijos?
- En el texto se menciona que diferentes entidades disponen de escuelas privadas. ¿Sucede lo mismo en su país? ¿Qué tipo de entidades son?
- ¿Dónde cree que se da un mayor adoctrinamiento de los alumnos, en las escuelas públicas o en las privadas?
- El texto afirma que la forma en que somos educados tiene un gran impacto en nuestra economía. ¿Qué piensa al respecto?
- El tipo de escuela, ¿le parece un tema tan importante como la escolarización obligatoria?
- ¿Son gratuitos los libros de texto en su país? ¿Deberían serlo?
- ¿Considera importante que las aulas no estén masificadas?
- ¿Qué tipo de actividades extracurriculares ofrecen las escuelas privadas? ¿Son importantes?
- Si tuviera que decidir a qué tipo de escuela lleva a sus hijos, ¿en qué se basaría para elegir una u otra?

EDUCACIÓN Y FORMACIÓN
Expresión, mediación e interacción orales

TAREA 3

CONVERSACIÓN INFORMAL: NEGOCIACIÓN

Usted es el redactor de la revista de su centro educativo y debe elegir la foto para la portada del próximo número teniendo en cuenta que debe:

- Representar el espíritu de la escuela.
- Simbolizar la educación del futuro.
- Atraer a un público juvenil.
- Transmitir valores y motivar a los estudiantes.

Aquí tiene las cuatro fotos. ¿Cuál sería la más adecuada según los aspectos anteriores? Discuta su elección con el entrevistador (4-6 minutos) hasta llegar a un acuerdo. Recuerde que puede interrumpirle, pedir y dar aclaraciones, argumentar, etc.

Sugerencias para la expresión e interacción orales y escritas

Carta de solicitud

- Me dirijo a ustedes para...
- El motivo de mi carta es...
    - ... solicitar información sobre... impartido por... de la facultad de...
    - ... informarme sobre los requisitos para ser admitido en...
    - ... solicitar mi admisión en el curso...
- Estoy muy interesado en cursar los estudios de...

Hablar de requisitos

- He cursado los estudios de...
- He obtenido el título de...
- Estoy en posesión de:
    - Título de máster universitario...
    - Título universitario oficial expedido por...
    - Diploma de estudios avanzados en...
    - Título de grado/doble grado en...

Argumentar

- Estoy de acuerdo con x cuando afirma que...
- Creo que x tiene razón en que...
- Es verdad que... Sin embargo...

Opinar

- A mi entender/parecer...
- Soy de la opinión de que...

examen 2

BIENESTAR Y SALUD

Modelo de examen 2

vocabulario

FICHA DE AYUDA
Para la expresión e interacción escritas y orales

SÍNTOMAS
- Acidez (la) ....
- Ardor (el) ....
- Cólico (el) ....
- Décimas (las) ....
- Diarrea (la) ....
- Eccema (el) ....
- Escalofrío (el) ....
- Espasmo (el) ....
- Estreñimiento (el) ....
- Flemón (el) ....
- Herpes (el) ....
- Inflamación (la) ....
- Insomnio (el) ....
- Jaqueca (la) ....
- Mareo (el) ....
- Náuseas (las) ....
- Ojeras (las) ....
- Palidez (la) ....
- Picor (el) ....
- Taquicardia (la) ....
- Trastorno (el) ....
- Vértigo (el) ....
- Vómito (el) ....

PARTES DEL CUERPO
- Colon (el) ....
- Columna (la) ....
- Córnea (la) ....
- Cráneo (el) ....
- Hígado (el) ....
- Índice (el) ....
- Palma de la mano (la) ....
- Páncreas (el) ....
- Pulgar (el) ....
- Pulmón (el) ....
- Puño (el) ....
- Riñón (el) ....
- Tímpano (el) ....
- Vértebra (la) ....
- Vientre (el) ....

VERBOS
- Agravarse ....
- Agudizarse ....
- Aliviar ....
- Amputar ....
- Cicatrizar ....
- Contagiarse ....
- Convalecer ....

PROFESIONALES
- Anestesista (el/la) ....
- Cardiólogo/a (el/la) ....
- Cirujano/a (el/la) ....
- Dermatólogo/a (el/la) ....
- Geriatra (el/la) ....
- Microbiólogo/a (el/la) ....
- Neurólogo/a (el/la) ....
- Oftalmólogo/a, oculista (el/la) ....
- Otorrinolaringólogo/a (el/la) ....
- Patólogo/a (el/la) ....
- Urólogo/a (el/la) ....

VARIOS
- Analgésico (el) ....
- Antiinflamatorio (el) ....
- Arañazo (el) ....
- Audífono (el) ....
- Cápsula (la) ....
- Chichón (el) ....
- Cirugía (la) ....
- Convalecencia (la) ....
- Crónico/a ....
- Cura (la) ....
- Dietético/a ....
- Diurético/a ....
- Esguince (el) ....
- Implante (el) ....
- Píldora (la) ....
- Pomada (la) ....
- Pronóstico (el) ....
- Prótesis (la) ....
- Quirófano (el) ....
- Recuperación (la) ....
- Resonancia (la) ....
- Rozadura (la) ....
- Secuelas (las) ....

EXPRESIONES
- Análisis clínicos (los) ....
- Cobertura sanitaria (la) ....
- Dar arcadas ....
- Donar sangre/órganos ....
- Estar como una tapia ....
- Fecundación *in vitro* (la) ....
- Parto prematuro (el) ....
- Perder el conocimiento ....
- Reproducción asistida (la) ....
- Ser corto de vista ....
- Tener carne/piel de gallina ....
- Tener una recaída ....
- Tener una salud de hierro ....
- Test de antígenos (el) ....

examen 2

PRUEBA 1  Comprensión de lectura y uso de la lengua

Tiempo disponible para las 5 tareas. 90 min

TAREA 1

A continuación va a leer una póliza de un seguro médico. Elija la opción correcta, a), b) o c), para cada una de las preguntas, 1-6.

PÓLIZA DE SEGURO MÉDICO COLECTIVO

Cuestiones generales:

1. La cobertura de este seguro será efectiva a partir de la fecha de inicio de su periodo de prácticas, beca, visita científica, curso de capacitación y reunión, manteniendo su vigencia durante todo el periodo de estos. Algunas organizaciones permiten prolongar la cobertura un máximo de 2 años antes del comienzo del periodo de actividad y hasta 2 días después de la fecha de finalización de esta, a fin de estar cubierto/a durante los días de viaje hacia y desde el lugar donde se desarrollen las actividades.

2. Solo las personas en prácticas, becarios, científicos visitantes y participantes en cursos de capacitación y reuniones están cubiertos por el plan, no así las personas a su cargo.

3. Esta póliza prevé el reembolso de los gastos de hospitalización y tratamientos médicos y dentales sujeto a los siguientes límites:

3.1. Reembolso del 100 % de los gastos incurridos por un tratamiento médico prescrito por médicos cualificados para el tratamiento de pacientes. También se reembolsan al 100 % los costos de los servicios hospitalarios como:

- Cama y comida (porcentaje máximo para una habitación de dos o más pacientes).
- Servicio general de enfermería, así como fármacos y medicamentos en el centro hospitalario.
- Uso de quirófanos y salas de recuperación y del equipo correspondiente.
- Exámenes de laboratorio y pruebas de radiodiagnóstico.

3.2. Tratamientos sujetos a determinados límites:

- Tratamientos dentales. El costo de la atención dental, los tratamientos periodontales, las dentaduras postizas, los puentes o similares, así como los aparatos ortopédicos dentofaciales, se reembolsan hasta un máximo de 600 € por persona asegurada en cada periodo de 12 meses consecutivos.

- Pruebas y tratamientos especiales:

• Los gastos de tratamientos psiquiátricos realizados por un profesional de la psiquiatría, incluido el psicoanálisis, son reembolsables hasta un máximo de 600 €, por no más de 50 consultas por asegurado durante cualquier periodo de 6 meses consecutivos.

• Los gastos de tratamientos radiológicos son reembolsables si el paciente ha sido remitido al especialista por el médico que le trate.

• Los gastos de o en relación con viajes o transportes (ambulancia u otros) están cubiertos si se utiliza un servicio de ambulancia profesional para transportar al asegurado entre el lugar en que ha sufrido la lesión por accidente o ha contraído una enfermedad y el primer hospital donde se le trate. En caso de emergencia o incapacidad, el transporte especial del asegurado, incluido el costo de la persona acompañante, quedará cubierto hasta un máximo de 7 500 €, al igual que la preparación y repatriación de los restos mortales hasta el país de origen.

3.3. Gastos no cubiertos:

- Audífonos, lentes y gastos de examen de la vista.
- Exámenes médicos preventivos periódicos.
- Tratamientos cosméticos y de rejuvenecimiento. Está cubierta, sin embargo, la cirugía cosmética como consecuencia de un accidente producido durante el periodo de vigencia del seguro.

BIENESTAR Y SALUD
Comprensión de lectura y uso de la lengua

- Las consecuencias de enfermedades o accidentes como resultado de una acción voluntaria e intencionada del asegurado: intento de suicidio, mutilación voluntaria y enfermedades de transmisión sexual.

- Las consecuencias de heridas o lesiones sufridas solo durante carreras automovilísticas o competiciones peligrosas.

- Las consecuencias de insurrecciones o disturbios si, al tomar parte en ellos, el asegurado hubiese violado las leyes aplicables en el país correspondiente, y las consecuencias de peleas, excepto en defensa propia.

- Los accidentes de aviación, excepto si el asegurado se halla a bordo de una aeronave con certificado vigente de buen estado para la navegación aérea, pilotada por una persona en posesión de permiso válido para el tipo de aeronave de que se trate.

- Los resultados directos o indirectos de explosiones, emisiones de calor o irradiación producida por una transmutación del núcleo atómico o por una radiactividad resultante de radiaciones producidas por la aceleración artificial de partículas del núcleo.

4. Se recomienda que, en caso de un ingreso previsto, se notifique este a la compañía aseguradora al menos 5 días antes de la hospitalización.

En caso de un ingreso urgente, solo es necesario facilitar el nombre y el teléfono de la institución médica donde va a ser atendido para que nuestros representantes encargados del servicio al cliente inicien el procedimiento de pago directo.

Adaptado de www.iaea.org

Preguntas

1. Con este seguro, las personas en prácticas están cubiertas:
   a) Durante todo el periodo de esas prácticas.
   b) Hasta dos años después de su finalización.
   c) Desde el inicio de su viaje hasta el lugar de prácticas.

2. Según la póliza, el seguro médico cubre:
   a) Todos los gastos médicos de tratamientos dentales.
   b) Una habitación individual en caso de hospitalización.
   c) Las medicinas administradas en el hospital.

3. En caso de necesitar tratamiento psiquiátrico, el seguro:
   a) Abona siempre y cuando sea atendido por un psiquiatra.
   b) Cubre la mitad de las consultas si se superan los 600 €.
   c) Paga hasta un límite máximo de seis meses.

4. Respecto a viajes y desplazamientos, este seguro abonará:
   a) El traslado en avión a un hospital de preferencia.
   b) El desplazamiento de un hospital a otro centro.
   c) El transporte específico de la persona accidentada.

5. Entre los tratamientos sujetos a limitaciones está:
   a) El chequeo médico.
   b) La cirugía cosmética.
   c) El intento de suicidio.

6. Según el texto, no se reembolsarán los gastos derivados de:
   a) Competiciones deportivas.
   b) Disputas en caso de defensa propia.
   c) Explosiones nucleares.

BIENESTAR Y SALUD
Comprensión de lectura y uso de la lengua

TAREA 2

A continuación va a leer un texto del que se han extraído seis fragmentos. Después, lea los siete fragmentos, a)-g), y decida en qué lugar del texto, 7-12, va cada uno. Hay un fragmento que no tiene que elegir.

Medicinas alternativas

Es profundamente llamativo que cuando la medicina científica, basada todo lo posible en la evidencia, ha alcanzado el máximo grado de eficacia de su historia, se esté produciendo un auge de las llamadas *medicinas tradicionales*, consideradas por un segmento apreciable de la población como alternativas admisibles para la medicina científica, occidental o moderna.

7. _____. Para esta organización, la medicina tradicional es el conjunto de prácticas, métodos, conocimientos y creencias en materia de salud que implican el uso con fines médicos de plantas, partes de animales o minerales, terapias espirituales y técnicas y ejercicios manuales aplicados para tratar, diagnosticar y prevenir las enfermedades o preservar la salud. **8.** _____. La acupuntura, en concreto, ha sido objeto de particular atención debido a la creciente difusión de esta técnica en los últimos años en el mundo occidental, que obliga a las autoridades sanitarias a vigilar que su utilización se realice de modo competente e inocuo. Aunque no ha tratado en ningún caso de determinar si esta práctica es un método de diagnóstico y terapéutica digno de confianza, ni si se debe frenar o facilitar su actual difusión.

9. _____. Para estos defensores de la medicina científica, el principal argumento para el rechazo de la medicina alternativa reside en la enorme escasez de estudios aleatorizados que se han realizado. Otro argumento de peso es la frecuente aparición de intoxicaciones graves provocadas por el uso de plantas en cantidades o indicaciones erróneas. Por ejemplo, en EE. UU. se ha comercializado como coadyuvante dietético la planta china *ma huang* (efedra), que ha ocasionado una decena de defunciones, problemas cardíacos o accidentes vasculares cerebrales.

10. _____. Por ejemplo, los oligoelementos son un destacado caballo de batalla de los defensores de la «otra» medicina, pero si se les añade el calificativo de coloidales, entonces la posibilidad de llegar a un público ignorante aumenta de modo exponencial. Otro truco infalible para calar en las mentes poco formadas y escasamente críticas es el empleo abusivo de porcentajes o cifras sin indicar quién las avala. **11.** _____. Todo vale en esos ataques.

Los defensores de una amplia utilización de las medicinas tradicionales esgrimen en su favor la mejora de la calidad de vida que producirían en los pacientes. **12.** _____. A pesar de ello, los enfermos las eligen cada vez con más frecuencia y la función del farmacéutico y del médico va a ser cada vez más orientadora y menos decisoria.

Adaptado de www.elsevier.es

BIENESTAR Y SALUD
Comprensión de lectura y uso de la lengua

Fragmentos

a) En una definición tan amplia caben numerosos procedimientos, pero la OMS ha concedido atención particular a la acupuntura, la fitoterapia y la homeopatía, pero reconociendo también el creciente uso de la medicina ayurvédica y unani (procedentes de la India), la osteopatía y la quiropráctica.

b) Los defensores de las medicinas complementarias, por su parte, han alcanzado un alto nivel de eficacia mezclando un lenguaje científico capaz de impresionar a un público escasamente ilustrado con elementos puramente imaginativos.

c) Por ello, la OMS ha tratado de sistematizar lo que debería entenderse por calidad de vida y ha advertido además sobre determinadas prácticas de la medicina tradicional, especialmente en los países subdesarrollados.

d) El sector relativo al nivel de independencia abarca la movilidad, las actividades de la vida cotidiana, la dependencia respecto a medicamentos o tratamientos y la aptitud laboral.

e) También les resulta muy útil afirmar que las medicinas tradicionales actúan con particular eficacia en enfermedades en las que hay un elevado componente psicosomático, como es la fibromialgia, y acusar a la industria farmacéutica de males en los que no tiene ni arte ni parte.

f) Para muchos médicos y farmacéuticos, indicar que las medicinas alternativas pueden sustituir en todo o en parte a la medicina científica es una auténtica equivocación, y solo están dispuestos a admitir que sean procedimientos complementarios, no convencionales o paralelos.

g) Por su parte, la OMS ha tratado de delimitar el alcance de las medicinas tradicionales y, en este sentido, es digno de señalar el escaso uso que ha hecho del término *medicina alternativa*.

BIENESTAR Y SALUD
Comprensión de lectura y uso de la lengua

TAREA 3

A continuación va a leer un texto sobre la dieta mediterránea. Después, elija la opción correcta, a), b) o c), para las preguntas, 13-18.

La dieta mediterránea

En el año 1970, el Dr. Ancel Keys, de la Escuela de Salud Pública de la Universidad de Minnesota, publicó los resultados de un importante estudio realizado en siete países en el que analizaba el papel de la dieta en las enfermedades cardiovasculares, estableciendo las bases de lo que posteriormente sería la dieta mediterránea. La investigación se llevó a cabo entre más de 12 000 hombres de Finlandia, Grecia, Italia, Japón, Holanda, Estados Unidos y lo que era la antigua Yugoslavia. Según esos resultados, se encontraron fuertes correlaciones entre la cantidad de grasa saturada y colesterol en la dieta, los niveles de colesterol en la sangre y el porcentaje de muerte por enfermedad cardiovascular. De los países participantes, Estados Unidos y Finlandia tenían el consumo más elevado de productos animales, grasa saturada y colesterol, además tenían el porcentaje más alto de muerte por enfermedades cardiovasculares. Los países mediterráneos y Japón estaban en el polo opuesto.

Uno de los descubrimientos de más impacto de dicho estudio y que serviría para dar nombre a la dieta mediterránea fue que los habitantes de Creta, que obtenían más del 40 % de sus calorías del consumo de grasas, presentaban el más bajo índice de colesterol y enfermedades asociadas (según la población, el porcentaje de muertes por este motivo es 57 veces menor que en Finlandia). La mayor parte de esta grasa procedía del consumo de aceite de oliva y de aceitunas y, el resto, de cereales, verduras y pescado generalmente azul, con algo de carne. Además, bebían vino todos los días.

Respecto a Japón, el segundo país con el índice más bajo de muertes por enfermedades cardiovasculares, en gran parte debido a una dieta con grandes cantidades de pescado, se percibió que, como aspecto negativo, presentaba un elevado índice de muertes por hemorragia cerebral. El mismo fenómeno se advirtió entre otros grupos étnicos, como los esquimales. Posteriormente, en Japón, al diversificarse más la dieta, se observó una disminución del porcentaje de muertes por este motivo. Más recientemente se está analizando la posibilidad de que exista una correlación entre dietas con muy bajo porcentaje en grasas y ciertos tipos de cáncer, así como con la enfermedad de Alzheimer.

La dieta mediterránea, con su diversidad y composición, constituye el equilibrio perfecto para disminuir ambos riesgos contrapuestos. No obstante, hemos de saber que la auténtica, la genuina dieta mediterránea, es la que se descubrió en Creta, y aunque la de muchas regiones de España era entonces extraordinariamente similar, aquí no se hizo estudio. Fundamentalmente, se basaba en lo siguiente:

- El 60 %, o sea, más de la mitad de lo que se consumía diariamente, correspondía a alimentos del grupo de los hidratos de carbono fundamentalmente complejos, como los cereales (pan, arroz, pasta), las raíces y los tubérculos (patatas) o las leguminosas (garbanzos, judías, etc.).
- El 15 % a verduras y frutas, tanto frescas como cocinadas.
- Otro 15 % se completaba con carnes y pescados (preferentemente más pescado que carne), que nos aportan proteínas.

BIENESTAR Y SALUD
Comprensión de lectura y uso de la lengua

- El 10 % correspondía a alimentos fundamentalmente grasos (aquí entra el aceite de oliva) que son necesarios porque son muy energéticos y contienen vitaminas y ácidos grasos esenciales para el organismo. A pesar de que la proporción parezca pequeña, el aporte de calorías puede subir mucho más, ya que 1 g de grasa contiene 9 kcal, mientras que 1 g de proteína o de hidrato de carbono posee 4 kcal.

No tengamos miedo, pues, a una dieta variada y mucho menos al jamón ibérico, que contiene una gran proporción de ácidos grasos monoinsaturados.

¡Y cómo no!, un vasito de tinto acompañando a las comidas en las que nos apetezca hacerlo. Es la alegría de la dieta mediterránea.

Adaptado de www.dietamediterranea.com

Preguntas

13. El estudio del que se habla en el texto:
   a) Se llevó a cabo en la Escuela de Salud Pública de Minnesota.
   b) Descubrió que los cretenses apenas padecían enfermedades coronarias aunque consumían muchas grasas de origen vegetal.
   c) Se comprobó en varios países mediterráneos, Finlandia, Japón, Holanda y EE. UU.

14. Según el texto, la llamada *dieta mediterránea*:
   a) Es el resultado de un estudio sobre la alimentación nórdica y la de los países mediterráneos.
   b) Tiene componentes nutricionales que protegen de las enfermedades cardiovasculares.
   c) Se caracteriza por la ingestión de grandes cantidades de grasa saturada.

15. El texto afirma que entre los habitantes de Creta:
   a) La hemorragia cerebral es la causa principal de muerte.
   b) El consumo de alimentos grasos es el menos significativo.
   c) La dieta es muy homogénea y se compone básicamente de carne y pescado azul.

16. La dieta mediterránea, según el autor:
   a) Puede producir enfermedades como la de Alzheimer.
   b) Prohíbe terminantemente la ingesta de alcohol.
   c) Permite incluir alimentos como el jamón ibérico en cantidades moderadas.

17. En el texto se recomienda:
   a) Consumir una gran variedad de alimentos.
   b) Seguir un régimen a base de frutas y verduras exclusivamente.
   c) Evitar absolutamente todos los alimentos de gran valor energético.

18. En el texto se dice que la dieta de los habitantes de Creta:
   a) Se componía en un 15 % de verduras crudas y ensaladas.
   b) Era casi idéntica a la japonesa debido al importante consumo de pescado azul.
   c) Incluía gran porcentaje de hidratos de carbono provenientes de los cereales, las patatas y las legumbres.

BIENESTAR Y SALUD
Comprensión de lectura y uso de la lengua

TAREA 4

A continuación va a leer varios textos relacionados con la salud. Elija el texto, a)-f), que corresponde a cada enunciado, 19-26. Hay textos que deben ser elegidos más de una vez.

a) La importancia de estar en forma

Una buena forma física influye directamente en el metabolismo al favorecer un mejor aporte de nutrientes a través de la circulación en todos los tejidos, incluyendo el sistema nervioso y órganos como el cerebro. La vitalidad de las neuronas depende de un buen aporte sanguíneo y la actividad física lo vigoriza y favorece. ¿Pero qué influye en la salud del cerebro? Directamente, la fatiga física o intelectual, el estrés, la falta de sueño, no usarlo regularmente y una alimentación inadecuada. Es indispensable, para la preservación cerebral, evitar el distrés (estrés maligno), dormir al menos cinco horas diarias, prevenir el cansancio crónico (agotamiento físico acumulado), realizar ejercicios diarios de concentración y memoria, tener una alimentación adecuada y evitar el sedentarismo. En cuanto a la dieta, existen alimentos con efecto indirecto, pero específico, en la salvaguardia de las células nerviosas que conforman la materia gris del cerebro.

b) La presencia de moho en el hogar

El moho es un tipo de hongo microscópico que crece y vive en las plantas, en la materia de origen animal o en objetos no orgánicos. Se propaga por medio del aire, el agua o los insectos y entra en los hogares por puertas y ventanas abiertas, y a través de los sistemas de calefacción y de aire acondicionado. Este microorganismo se adhiere a la ropa, los zapatos, los animales, etc. Crece con facilidad en productos de papel, cartón, madera o teja y se aloja entre el polvo, en la pintura o los tapices de la pared, materiales aislantes, etc. Una vez en el interior de las casas puede producir, a sus habitantes, tos, congestiones nasales, irritaciones de garganta, ojos y piel y sus consecuencias pueden ser graves en quienes padecen afecciones pulmonares. A fin de evitar sus efectos, es recomendable mantener los niveles de humedad en la vivienda entre un 40 y un 60 %, asegurarse de que los ambientes estén ventilados adecuadamente y no disponer de alfombras ni libros, animales disecados u otros objetos que puedan generar moho en los sitios que concentren humedad.

c) Usar tacón habitualmente

El uso de tacones de forma regular y por periodos de tiempo excesivamente prolongados puede causar problemas de salud, empezando por dolores en los pies y en la espalda, hasta cuestiones más graves. De hecho, provoca en nuestro cuerpo una mayor lordosis de las lumbares. La lordosis es la curvatura lumbar de la espalda y usar tacones la acentúa. Por ello, aquellas personas con la espalda muy recta o plana se encuentran incluso mejor con tacones que sin ellos, ya que consiguen la curvatura necesaria y su cuerpo se equilibra. Sin embargo, quienes tienen una curvatura marcada naturalmente, lo soportan mal, ya que la curvatura que generan puede ser excesiva, favorece la compresión en los discos de la columna y podría llegar a crear una ciática. Además, el uso constante y prolongado de tacón puede aumentar hasta cuatro veces el riesgo de sufrir lesiones musculoesqueléticas.

d) La música y el corazón

Según Michael Miller, experto en cardiología preventiva de la Universidad de Maryland en los Estados Unidos, escuchar la música que más nos alegra favorece la buena salud cardíaca. A estas conclusiones se ha llegado después de una investigación con voluntarios entre los que Miller y sus colegas midieron cómo respondía su sistema circulatorio a varios cambios bruscos en su flujo sanguíneo provocados de forma artificial mientras escuchaban una sesión de la música que les producía mayor alegría y bienestar. En concreto, sus venas y arterias se dilataban hasta un 26 %, lo que en el ámbito médico se considera una respuesta muy saludable. Es más, se observó que es un resultado similar al que se obtiene cuando la persona está realizando ejercicios aeróbicos. También se constató que la risa mejora el flujo sanguíneo (los vasos sanguíneos se dilatan hasta un 19 %).

Preparación Diploma de Español (Nivel C1)

BIENESTAR Y SALUD
Comprensión de lectura y uso de la lengua

e) Entornos demasiado higiénicos

Según una investigación, el cuerpo necesita una exposición razonable a gérmenes propios de nuestro entorno cotidiano para desarrollar sus defensas. De esta manera, al contrario de lo que afirmaban investigaciones anteriores, el hecho de desarrollarse en un entorno muy higiénico durante los primeros años de vida puede contribuir a la aparición de ciertas enfermedades al alcanzar la edad adulta. Durante el estudio, se observó cómo afectaba el ambiente de los primeros años de vida a la producción de la proteína C-reactiva, cuya tasa en sangre aumenta cuando se da un proceso inflamatorio. Al comparar los niveles de proteína C-reactiva en sangre de los jóvenes filipinos con los de los jóvenes estadounidenses (cuyo entorno de vida es mucho más higiénico), los investigadores observaron que los primeros presentaban niveles de proteína C-reactiva entre 5 y 7 veces inferiores a los de los estadounidenses.

f) Saber respirar

La respiración bucal es una condición patológica que afecta al sistema respiratorio y a todo el organismo. Toda modificación en el comportamiento respiratorio nasal hacia el bucal viene acompañada de una serie de transformaciones funcionales que afectan a la postura de la lengua y mandíbula, así como al equilibrio de los músculos orales y periorales. En relación a las características posturales, el que padece esta patología inclina el cuello hacia delante y esto produce un cambio de posición de la cabeza y el cuello cuyo objetivo es adaptar la angulación de la faringe para facilitar la entrada de aire por la boca con la intención de aumentar el flujo aéreo superior. Cuando el cuello se proyecta anteriormente, la musculatura de este y de la escápula se ve afectada, provocando una postura anormal en la que los hombros se curvan y el pecho se hunde. Todo ese mal funcionamiento muscular hace que la respiración sea corta y rápida. El movimiento del músculo del diafragma se altera, los músculos abdominales se tornan flácidos y los brazos y las piernas asumen una nueva posición.

Adaptado de varias fuentes

Enunciados

19. El texto insiste en la conveniencia de inspirar y espirar por la nariz.
| a) | b) | c) | d) | e) | f) |

20. En el texto se afirma que es contraproducente criarse en ambientes desinfectados absolutamente.
| a) | b) | c) | d) | e) | f) |

21. Según el texto, debemos elegir el calzado en función de nuestra constitución.
| a) | b) | c) | d) | e) | f) |

22. Dice este texto que el estado de ánimo influye directamente en nuestra salud.
| a) | b) | c) | d) | e) | f) |

23. Según el texto, hay una estrecha relación entre actividad física y mental.
| a) | b) | c) | d) | e) | f) |

24. El texto habla de una de las principales causas de afección en las vías respiratorias y de cómo evitarla.
| a) | b) | c) | d) | e) | f) |

25. El texto afirma que no disponer de suficientes anticuerpos en la infancia multiplica los problemas de salud en la edad adulta.
| a) | b) | c) | d) | e) | f) |

26. Según este texto, el cansancio excesivo, al igual que la inactividad, tanto física como mental, son negativos.
| a) | b) | c) | d) | e) | f) |

BIENESTAR Y SALUD
Comprensión de lectura y uso de la lengua

TAREA 5

A continuación va a leer un texto sobre vacunas. Elija la opción correcta, a), b) o c), para completar los huecos, 27-40.

Historia de las vacunas

Con la vacuna contra el coronavirus SARS-CoV-2, la comunidad científica logró desarrollar una protección en un tiempo récord: menos de un año. Sin embargo, los científicos trabajan desde hace años para encontrar vacunas que nos ____27____ de enfermedades como la malaria, que se cobra más de 400 000 vidas al año, o el VIH. Precisamente, los avances en el desarrollo de la vacuna del VIH han sido empleados para su aplicación ____28____ el coronavirus. Sin embargo, la población también debe asumir su propia responsabilidad, y es que el cambio climático y la pérdida de biodiversidad son, según el Programa de las Naciones Unidas para el Medio Ambiente (PNUMA), factores que multiplican el riesgo de sufrir nuevas pandemias en el futuro.

Según la Organización Mundial de la Salud (OMS), una vacuna es cualquier ____29____ destinada a generar inmunidad contra una enfermedad estimulando la producción de anticuerpos. Puede tratarse, por ejemplo, de una suspensión de microorganismos ____30____ o atenuados, o de productos o derivados de microorganismos. El método más habitual para administrar las vacunas es la inyección, aunque algunas se administran con un vaporizador nasal u oral.

Las vacunas son la forma más efectiva de ____31____ millones de casos de enfermedad, discapacidad o muerte. Gracias a ellas, además de erradicar la viruela –hace más de 40 años–, se han podido controlar otras ____32____ la rabia, el cólera, el tétanos, la difteria, la peste, la tuberculosis, el tifus, la poliomielitis, el sarampión, las paperas, la rubéola, la meningitis, la hepatitis A y B o la gripe. También hay vacunas contra tóxicos, como venenos de serpiente, o para alérgenos como el polen.

Según el Colegio de Médicos de Filadelfia, el ____33____ de las vacunas se encuentra en China con una técnica llamada *variolización*. Esta técnica, que buscaba prevenir la viruela, ____34____ en pulverizar las costras de una persona enferma con síntomas leves para insuflarlas por la nariz de personas sanas para inmunizarlas. Se calcula que esta ____35____ puede tener más de mil años de antigüedad, pero el primer registro lo encontramos en varios relatos del siglo XVI.

Preparación Diploma de Español (Nivel C1)

BIENESTAR Y SALUD
Comprensión de lectura y uso de la lengua

La era de las vacunas la inicia el médico Edward Jenner. El británico observó que las personas que ordeñaban vacas y ____36____ la viruela bovina estaban protegidas contra la viruela humana. En 1796 inoculó a un niño de ocho años fluido de las pústulas de viruela bovina y cuando, posteriormente, ____37____ inyectó el virus de la viruela humana, el pequeño ni se contagió ni tuvo síntomas. Ya en el siglo XIX, el médico francés Louis Pasteur desarrolló la segunda generación de vacunas, entre otras contra el cólera o la rabia, e introdujo el término *vacuna* en honor ____38____ los experimentos con las vacas de Jenner.

Desde entonces, las vacunas permiten prevenir decenas de infecciones diferentes. Según la OMS, solo ____39____ sarampión ha salvado millones de vidas, especialmente de niños. Además, señala que con un programa de vacunación adecuado, se podría evitar que 24 millones de personas caigan en la pobreza en países en desarrollo, y es que, aunque la inmunización con vacunas evita ____40____ dos a tres millones de muertes al año, todavía hay casi 20 millones de lactantes en el mundo sin acceso a las vacunas básicas. Las vacunas son herramientas poderosas, efectivas y económicas para prevenir la enfermedad, la muerte y la pobreza.

Adaptado de www.iberdrola.com

Opciones

27.	a) protegen	b) protejan	c) protegieran
28.	a) de	b) contra	c) para
29.	a) fabricación	b) producción	c) preparación
30.	a) muertos	b) letales	c) asesinados
31.	a) prever	b) prevenir	c) proveer
32.	a) que	b) como	c) tal
33.	a) arranque	b) origen	c) fundamento
34.	a) consistía	b) consistió	c) ha consistido
35.	a) experiencia	b) práctica	c) solución
36.	a) contraían	b) enfermaban	c) dolían
37.	a) lo	b) la	c) le
38.	a) desde	b) a	c) hacia
39.	a) el de	b) la que	c) la del
40.	a) de	b) entre	c) desde

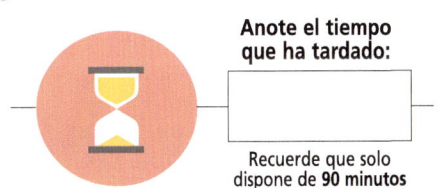

Anote el tiempo que ha tardado:

Recuerde que solo dispone de **90 minutos**

examen 2

PRUEBA 2 — **Comprensión auditiva y uso de la lengua**

Tiempo disponible para las 4 tareas.

TAREA 1

A continuación escuchará una conferencia sobre el sentido del humor y la salud en la que se tomaron las siguientes anotaciones. La oirá dos veces. Después, elija las seis anotaciones que corresponden a esta conferencia, 1-6, entre las doce que se le ofrecen, a)-l).

Anotaciones

a) A menudo se tiene la idea de que una conferencia sobre el humor ha de ser por fuerza divertida.
b) Casi todo el mundo piensa que contar cosas con sentido del humor es fácil, pero la realidad es otra.
c) El conferenciante espera que el público se ría porque va a hablar de algo muy divertido.
d) Para el conferenciante hay indicios que le llevan a pensar que el sentido del humor está desapareciendo.
e) Gracias a los avances tecnológicos sabemos, en poco tiempo, lo que pasa en todo el mundo.
f) Los medios de información nos ofrecen una visión real y ecuánime de la realidad.
g) Está demostrado que la risa mejora nuestro estado de ánimo y también nuestra salud.
h) Reírse, además de actuar como calmante, es un remedio que contribuye a reducir el estrés.
i) Aquellos que consiguen relajarse gracias a su sentido del humor, tienen una mejor calidad de vida.
j) Está comprobado que el sentido del humor disminuye el estrés, causante de algunas dolencias.
k) Cuanto más optimistas seamos, más sanos nos sentiremos, disfrutemos o no de buena salud.
l) Hoy sabemos que las personas más sonrientes son más felices.

a)	b)	c)	d)	e)	f)	g)	h)	i)	j)	k)	l)

BIENESTAR Y SALUD
Comprensión auditiva y uso de la lengua

TAREA 2

A continuación escuchará cuatro conversaciones. Oirá cada una dos veces. Después, seleccione la opción correcta, a), b) o c), para cada pregunta, 7-14.

Preguntas

Conversación 1

7. Una de las ventajas de ese jarabe es que:
   a) Es un producto natural apto para cualquier paciente.
   b) Es más efectivo que los que se venden por prescripción médica.
   c) Se puede adquirir sin receta médica.

8. El farmacéutico le aconseja a la mujer:
   a) Visitar a un médico para que le recete un jarabe.
   b) Tomar el jarabe durante seis días.
   c) Ir al médico si empeoran los síntomas.

Conversación 2

9. El paciente:
   a) Tiene problemas respiratorios cuando hace deporte.
   b) Padece síntomas psicosomáticos por el estrés.
   c) Debe repetir los análisis por un problema con el hierro.

10. La doctora:
   a) Le realiza un reconocimiento rutinario.
   b) Le recomienda unos días de baja y descansar.
   c) Le aconseja tomar un relajante dos horas antes de acostarse.

Conversación 3

11. El hombre:
   a) No se ha planteado seriamente la posibilidad de su muerte.
   b) Le preocupa bastante la herencia que pueda quedar a sus hijos.
   c) No está de acuerdo en incluir los gastos de su entierro en la póliza.

12. Sobre el seguro de vida, la agente:
   a) Informa al posible cliente sobre los riesgos que tiene.
   b) Ha sido incapaz de convencer al cliente para que se haga uno.
   c) Recomienda al cliente abonar las cuotas de forma temporal.

Conversación 4

13. La mujer quiere que sus hijos se hagan socios de la piscina:
   a) Por los problemas de espalda que tienen.
   b) Para que aprendan a nadar.
   c) Porque quieren perder peso.

14. El empleado le informa a la mujer de que:
   a) La inscripción para las clases de *aquagym* solo es *online*.
   b) Las clases son gratuitas para los residentes en ese municipio.
   c) Con el carné familiar se paga una pequeña cantidad cada seis meses.

BIENESTAR Y SALUD
Comprensión auditiva y uso de la lengua

TAREA 3

A continuación escuchará una entrevista sobre la salud en los músicos. La oirá dos veces. Después, seleccione la opción correcta, a), b) o c), para cada pregunta, 15-20.

Preguntas

15. El personaje entrevistado:
   a) Se especializó como terapeuta de músicos a raíz de un traumatismo.
   b) Estudió Traumatología al no poder continuar tocando instrumentos de percusión.
   c) Abandonó su carrera musical tras consultar a diferentes traumatólogos.

16. Según el entrevistado, los músicos:
   a) Sufren traumatismos solo si no tienen técnica depurada.
   b) Se pueden lesionar si trabajan solo las extremidades superiores.
   c) Se lesionan porque tocan durante demasiado tiempo.

17. En la entrevista se dice que los músicos deben:
   a) Estudiar durante periodos de no más de 40 o 50 minutos.
   b) Utilizar algún tipo de teclado durante los descansos para relajar los dedos.
   c) Hidratarse y descansar durante las sesiones de estudio.

18. Según el protagonista, un músico profesional:
   a) Debería invertir como mucho siete horas diarias en practicar.
   b) Tiene que hacer deporte para ejercitar ciertos músculos.
   c) Ha de cuidar su alimentación y su estado físico general para evitar lesiones.

19. Según el doctor, las técnicas para encontrar el equilibrio entre cuerpo y mente:
   a) Ayudarán a curar cualquier lesión más rápidamente.
   b) Son eficaces a la hora de evitar las lesiones.
   c) Aumentan el riesgo de sufrir una lesión debido a las posturas que hay que adoptar.

20. En la entrevista se dice que si se sufre una lesión:
   a) Lo mejor es dejar de tocar durante 48 horas.
   b) No hay que dejar de practicar, sino hacerlo a otro ritmo.
   c) Esta se curará con reposo absoluto y antiinflamatorios.

BIENESTAR Y SALUD
Comprensión auditiva y uso de la lengua

TAREA 4

Usted va a escuchar diez breves diálogos. Escuchará cada uno dos veces. Después, seleccione la opción correcta, a), b) o c), para cada pregunta, 21-30.

Preguntas

Diálogo 1
21. La mujer piensa que su amigo debería consultar:
- a) A un especialista en dolores de cabeza.
- b) Al médico general de su centro de salud.
- c) Al médico más cercano.

Diálogo 2
22. El medicamento que han recetado a Luis:
- a) Sirve para aliviar el dolor de muelas.
- b) Es para una aguda inflamación que tiene.
- c) Previene la caries dental.

Diálogo 3
23. La madre está preocupada porque el niño:
- a) Continúa con algo de fiebre.
- b) Tiene una fiebre muy alta.
- c) Su temperatura está por debajo de lo normal.

Diálogo 4
24. La tisana es:
- a) Una poción mágica.
- b) Una solución económica.
- c) Un remedio infalible.

Diálogo 5
25. El vecino de quien hablan:
- a) Ha fallecido.
- b) Ha ganado a la lotería.
- c) Ha estado muy enfermo.

Diálogo 6
26. El hombre que habla:
- a) Se intoxicó al ingerir alimentos en mal estado.
- b) Tiene una diarrea horrible.
- c) Tiene indigestión por comer en exceso.

Diálogo 7
27. Sobre Pedro, la profesora piensa que:
- a) Su certificado médico lo exime de examinarse.
- b) Debería dedicarse a la Medicina.
- c) Escribe con caracteres ilegibles.

Diálogo 8
28. La mujer que habla:
- a) Tiene problemas para respirar.
- b) Piensa que va a desmayarse.
- c) Tiene ganas de vomitar.

Diálogo 9
29. Merche piensa que la comida del hospital:
- a) Es mala y poco apetitosa.
- b) Es demasiado pesada.
- c) La sirven en raciones insuficientes.

Diálogo 10
30. La señora tiene:
- a) Miopía.
- b) Vista de lince.
- c) Cataratas.

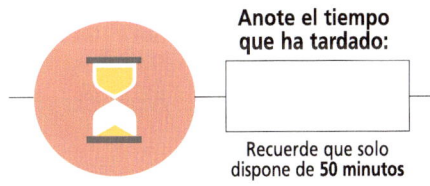

Anote el tiempo que ha tardado:

Recuerde que solo dispone de **50 minutos**

examen 2

PRUEBA 3 — Expresión, mediación e interacción escritas

Tiempo disponible para las 2 tareas. 80 min

TAREA 1

Usted va a escuchar la primera parte de una conferencia sobre la salud física y mental. La escuchará dos veces y podrá tomar notas. Después, redacte un artículo de opinión (220-250 palabras) sobre ese tema en el que deberá:

- Hacer una introducción sobre el tema.
- Resumir los puntos principales de la conferencia.
- Opinar sobre la propuesta y valorar sus efectos en las personas.

TAREA 2

Elija una de las siguientes opciones* y redacte un texto formal (180-220 palabras) según las indicaciones que se le dan en cada opción.

Opción 1

Usted ha leído el siguiente anuncio que ha visto en Internet. Escríbales un correo interesándose por el test sanguíneo explicándoles por qué querría que le realizaran una prueba en su casa. Pídales más información sobre sus métodos, la fiabilidad del test y otras cuestiones de su interés antes de concertar una cita.

Mare Nostrum

La consulta médica naturista es complementaria, preventiva y curativa, y junto con la medicina moderna y la farmacología completan nuestra salud.

Servicios

• Valoración médica   • Valoración naturista   • Test sanguíneo HLBO

En Mare Nostrum

- Realizamos una valoración del estado de salud de forma integral.
- Buscamos los desequilibrios que pueden causar patologías o alteraciones del organismo.
- Potenciamos los sistemas de autocuración del organismo.
- Tratamos las patologías desde una visión y acción natural.
- Proporcionamos una dieta correcta (qué alimentos son perjudiciales y cuáles beneficiosos).
- Recomendamos las medicinas y los productos naturales (plantas, productos homeopáticos) que equilibran nuestra salud.

Test HLBO

Es el estudio de la morfología de las gotas de sangre coaguladas para valorar el proceso oxidativo en el organismo, así como la alteración de los factores de coagulación producida por patologías o bacterias.

Cuéntenos sus inquietudes y concierte sus citas escribiendo un correo a la siguiente dirección:
centro.naturista@marenostrum.com

Una visión natural. Haga medicina alternativa.

BIENESTAR Y SALUD
Expresión, mediación e interacción escritas

Opción 2

Usted trabaja en una oficina administrativa relacionada con los servicios sanitarios de su ciudad. Le han pedido un informe sobre la situación de la dotación de camas hospitalarias para hacer frente a una emergencia nacional.

En su informe deberá:

- Hacer una introducción al tema.
- Describir la situación usando los datos que le ofrecen los gráficos.
- Valorar los datos obtenidos y hacer propuestas de mejora para ampliar el número de camas.

TABLA N.º 1
DOTACIÓN DE CAMAS HOSPITALARIAS

	Centros psiquiátricos, geriátricos y recuperación	Institucionales (Gendarmería y FF.AA.)	Mutual	Otros (CONIN)	Privado	Público	Total general	
Cuidados Básicos	26	1907	471	26	4945	11 016	18 391	49,2 %
Cuidados Medios	48	83	12	90	499	9005	9737	26,0 %
Cuidados Intermedios		98	32		1116	2740	3986	10,7 %
Cuidados Intensivos		98	31		881	1536	2546	6,8 %
Psiquiatría Corta Estadía	235	11			69	1075	1390	3,7 %
Psiquiatría Larga Estadía	327	21				147	495	1,3 %
Psiquiatría Mediana Estadía		59			26	154	239	0,6 %
Forense						222	222	0,6 %
Sociosanitaria						205	205	0,5 %
Cuidados Intensivos Psiquiatría						186	186	0,5 %
Total general	636	2277	546	116	7536	26 286	37 397	
%	1,7 %	6,1 %	1,5 %	0,3 %	20,2 %	70,3 %	100,0 %	100,0 %

Adaptado de www.clinicasdechile.cl

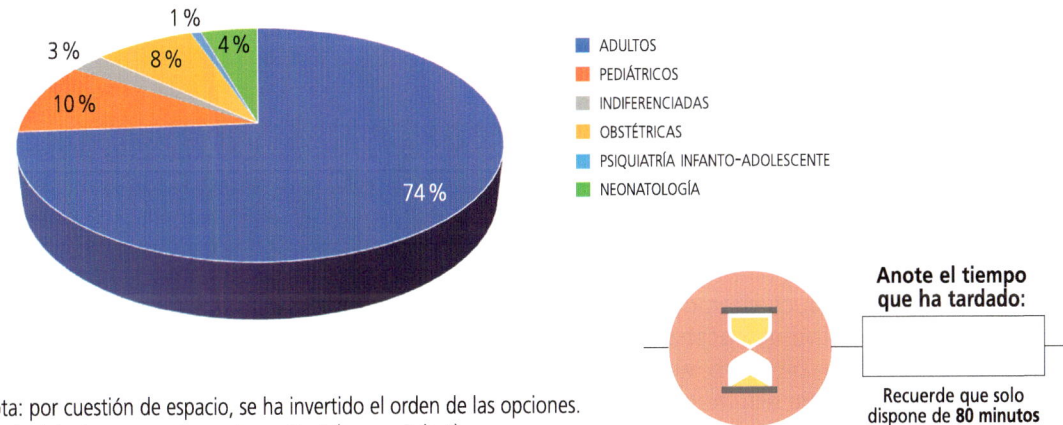

CAMAS HOSPITALARIAS SEGÚN TIPO DE PACIENTE

- ADULTOS — 74 %
- PEDIÁTRICOS — 10 %
- INDIFERENCIADAS — 3 %
- OBSTÉTRICAS — 8 %
- PSIQUIATRÍA INFANTO-ADOLESCENTE — 1 %
- NEONATOLOGÍA — 4 %

Anote el tiempo que ha tardado:

Recuerde que solo dispone de **80 minutos**

* Nota: por cuestión de espacio, se ha invertido el orden de las opciones. En el original aparece primero la opción 2 (que sería la 1).

examen 2

PRUEBA 4  Expresión, mediación e interacción orales

 Tiempo disponible para las 3 tareas.

 Tiempo de preparación.

TAREA 1

EXPOSICIÓN ORAL

Usted debe hacer una presentación oral (3-5 minutos) sobre el tema del siguiente texto. Durante la lectura puede tomar notas y consultarlas, pero no hacer una lectura de estas.

En su presentación debe:

- Resumir los puntos principales del texto.
- Valorar el texto (interés, novedad, intención del autor, lógica de los argumentos, etc.).
- Opinar sobre el tema.

¿Piensas demasiado?

Pensar está muy bien. Vivir una vida racional y positiva es de lo mejor que nos puede ocurrir. Pero cuando nuestra mente se queda dándole vueltas a nuestros pensamientos inútilmente produciendo sentimientos negativos, da lugar al *efecto levadura*, tal como lo denomina Susan Nolen-Hoeksema en su libro *Mujeres que piensan demasiado*. Se trata, en este caso, del pensamiento excesivo que se produce a partir de una pequeña idea o problema que pasa a generar más y más preguntas, nuevas relaciones de ideas (todas con el mismo denominador común, problemático y lleno de temores), que generan, a su vez, otros pensamientos negativos que se expanden, crecen y acaban por apoderarse de todo el espacio de nuestras mentes. El resultado es agotador. Lejos de encontrar respuestas o soluciones válidas acabamos en un callejón sin salida presas de sentimientos de victimismo («No podré salir de esta», «Soy tan incapaz como siempre lo he sido»), ansiedad («Esto se acaba») y depresión («Mi vida no vale nada»).

Cuando el pensamiento es constructivo y creativo, y aporta soluciones, nunca es demasiado, ya que se detiene al final del proceso y se relaja inmerso en una sensación satisfactoria de misión cumplida. El pensamiento excesivo, por el contrario, resulta nocivo porque afecta a nuestra capacidad para obtener respuestas y soluciones a nuestros problemas, produce desmotivación y genera nuevos problemas, nos bloquea en una posición repetitiva que acaba alejando a nuestras amistades y familiares (que aun apoyándonos en un principio, acaban siendo presas del mismo agotamiento impotente) y, finalmente, puede arruinar nuestra salud física y emocional. El pensamiento excesivo puede llegar a arruinar relaciones.

BIENESTAR Y SALUD
Expresión, mediación e interacción orales

Según Nolen-Hoeksema, «la mujer tiene el doble de probabilidades que el hombre de caer en una depresión profunda o de sufrir ansiedad, y parece que una de las razones de que esto sea así es precisamente nuestra tendencia a pensar demasiado». Si bien es cierto que las mujeres sufrimos más las consecuencias del pensamiento excesivo, de momento no hay pruebas de que la causa resida en algún rasgo. Hoy por hoy, las investigaciones apuntan a causas de tipo social, cultural y psicológico:

- Las mujeres piensan más porque tienen más cosas en que pensar. Las cargas demoledoras que acompañan al exceso de responsabilidades familiares, sociales, profesionales y personales, así como (paradójicamente) el menor poder social, político y económico, hacen que se establezcan tensiones crónicas que perpetúan un hábito de pensamiento y resolución de conflictos constante.

- Las mujeres tienen más relaciones sociales y se implican más personalmente. Esto hace que estén permanentemente preocupadas (por sus parejas, sus hijos, sus padres, sus amigas) y angustiadas por las consecuencias que puede tener en sus relaciones el más insignificante de los cambios. Lo peor es que tienden a basar su autoestima y su bienestar en cómo funcionan sus relaciones y en lo que las demás personas piensen de ellas, haciendo que, a veces, y con la intención de contentar a otros, opten por hacer lo que no desean y tomen decisiones equivocadas en sus vidas.

- El apoyo moral que buscan unas mujeres en otras puede crear círculos viciosos de pensamiento excesivo y victimismo. El sentido de lealtad y empatía puede hacer que muchas mujeres se dejen arrastrar por el pensamiento excesivo-corrosivo de la amiga que necesita ser escuchada, evitando cuestionar su pensamiento y poner freno a su distorsión exagerada de las cosas por temor a que no se sienta comprendida o, más aún, a que se sienta traicionada. Este tipo de pensamientos provoca estados de ánimo negativos que pueden teñir la calidad de nuestros pensamientos hasta tal punto que acaban teniendo una visión distorsionada de los hechos. Lo peor de todo es que, llegados a este punto, podemos tomar decisiones equivocadas basándonos en esos pensamientos negativos.

El primer paso hacia la liberación consiste en romper las ataduras: observar nuestros pensamientos y saber detectarlos cuando están empezando a rumiar demasiado y demasiadas cosas, de una manera inútil y cansina; dejar de identificarnos con ellos, definirlos como algo malo para nosotras y decidirnos a pararlos para evitar que nos hundan. El segundo paso consiste en arrastrarnos fuera del fango y situarnos a una distancia que nos permita ver las cosas con una mayor claridad y perspectiva para poder tomar las decisiones adecuadas. El tercer paso requiere atención y acción para evitar caer en las trampas que nuestro hábito de pensamiento excesivo nos guarda para el futuro, ya sea a los pocos minutos, con el regreso al mismo problema, o bien en cuanto surja el próximo conflicto.

Adaptado de www.crecejoven.com

BIENESTAR Y SALUD

Expresión, mediación e interacción orales

TAREA 2

ENTREVISTA SOBRE UN TEMA

Usted debe mantener una conversación con el entrevistador (4-6 minutos) sobre el tema del texto de la Tarea 1. En la conversación debe:

- Dar su opinión sobre el tema.
- Justificar su opinión con argumentos.
- Rebatir, si procede, las opiniones que exprese su interlocutor.

Modelo de conversación

1. Opinión del candidato y justificación.
¿Está de acuerdo en líneas generales con lo expuesto? ¿Podría comentarlo?

2. Ampliación del tema por parte del examinador (ejemplos).
- Según el texto, vivir una vida racional y positiva es lo mejor que nos puede ocurrir. ¿Qué opinión le merece esta idea?
- ¿Comparte la idea de que el pensamiento excesivo lleva a un callejón sin salida?
- ¿Qué opinión le merece la siguiente afirmación que se hace en el texto?: «Cuando el pensamiento es constructivo y creativo, y aporta soluciones, nunca es demasiado».
- Si realmente las mujeres tienen una mayor tendencia a preocuparse excesivamente, ¿cómo se explica que normalmente vivan más años?
- ¿Cree que, como dice el texto, las mujeres se implican más personal y emocionalmente?
- ¿Qué le parecen las soluciones propuestas en el artículo para salir de la situación de la que se habla en el texto?
- ¿Qué diferencias psicológicas cree que hay entre hombres y mujeres?
- ¿Alguna vez le ha pasado que su mente se ha quedado dando vueltas inútilmente a sus pensamientos y esto ha producido sentimientos negativos? ¿Qué soluciones ha encontrado ante esta situación?
- ¿Piensa que este tipo de artículos ayuda a los lectores? ¿Cómo?

BIENESTAR Y SALUD
Expresión, mediación e interacción orales

TAREA 3

CONVERSACIÓN INFORMAL: NEGOCIACIÓN

Le han pedido que seleccione una fotografía para un folleto de un balneario de lujo especializado en el tratamiento de enfermedades tales como reumatismo, artritis, estrés, etc. La foto debe:

- Atraer al público al que va dirigida.
- Mostrar las magníficas instalaciones.
- Transmitir los valores del centro.
- Mostrar qué van a encontrar allí.

Aquí tiene las cuatro fotos. ¿Cuál sería la más adecuada según los aspectos anteriores? Discuta su elección con el entrevistador (4-6 minutos) hasta llegar a un acuerdo. Recuerde que puede interrumpirle, pedir y dar aclaraciones, argumentar, etc.

Sugerencias para la expresión e interacción orales y escritas

Mostrar interés
- *Me ha llamado la atención que…*
- *Me he decidido a escribirles porque me parece interesante que…*
- *Lo que más me ha atraído del anuncio ha sido…*

Solicitar una respuesta
- *Quedo a la espera / en espera de su respuesta…*
- *Estoy muy interesado en realizar el test y les agradecería una pronta respuesta.*

Ordenar la información
- *Inicio: antes de nada / en primer lugar, hay que decir que…*
- *Continuidad: de igual forma / también…*
- *Cierre: para terminar / a modo de conclusión, podemos afirmar que…,*

Argumentar
- *Aunque…, a mí me parece que…*
- *A pesar de eso opino que…*
- *No es del todo cierto que…*

examen 3

MUNDO LABORAL

Modelo de examen 3

vocabulario

FICHA DE AYUDA
Para la expresión e interacción escritas y orales

MUNDO LABORAL

- Absentismo (el) ....
- Acoso laboral (el) ....
- Ascenso (el) ....
- Ayuda familiar (la) ....
- Baja laboral (la) ....
- Brecha laboral (la) ....
- Cese (el) ....
- Curso de formación (el) ....
- Desempleo (el) ....
- Despido procedente/improcedente (el) ....
- Destitución (la) ....
- Días de asuntos propios (los) ....
- Dimisión (la) ....
- Finiquito (el) ....
- Huelga (la) ....
- Indemnización (la) ....
- Interinidad (la) ....
- Mano de obra (la) ....
- Negociación (la) ....
- Nómina (la) ....
- Paga extraordinaria (la) ....
- Paro (el) ....
- Patronal (la) ....
- Pensión (la) ....
- Plantilla (la) ....
- Pluriempleo (el) ....
- Precariedad laboral (la) ....
- Prestación (la) ....
- Reestructuración de plantilla (la) ....
- Sindicato (el) ....
- Subcontrata (la) ....
- Subsidio de desempleo (el) ....
- Sustitución (la) ....
- Techo de cristal (el) ....

PERSONAS

- Aprendiz/-a (el/la) ....
- Asalariado/a (el/la) ....
- Aspirante (el/la) ....
- Autónomo/a (el/la) ....
- Auxiliar (el/la) ....
- Candidato/a (el/la) ....
- Delegado/a sindical (el/la) ....
- Emprendedor/-a (el/la) ....
- Empresario/a (el/la) ....
- Funcionario/a (el/la) ....
- Interino/a (el/la) ....
- Operario/a (el/la) ....
- Suplente (el/la) ....

ANUNCIOS DE TRABAJO

- Agencia de colocación (la) ....
- Bolsa de empleo (la) ....
- Cargo (el) ....
- Contrato (el) ....
- - en prácticas
- - fijo
- - de prueba ....
- Experiencia (la) ....
- Jornada laboral (la) ....
- Media jornada (la) ....
- Plaza (la) ....
- Pruebas de selección (las) ....
- Puesto directivo/ejecutivo (el) ....
- Recursos humanos (los) ....
- Requisito (el) ....
- Retribución (la) ....
- Salario bruto/neto (el) ....
- Seguridad Social (la) ....
- Vacante (la) ....

VERBOS

- Afiliarse ....
- Asumir responsabilidades ....
- Cobrar/pagar en negro ....
- Coger la baja ....
- Cubrir una vacante/un puesto ....
- Currar ....
- Delegar ....
- Estar de baja ....
- Fichar ....
- Hacer horas extra ....
- Ocupar un cargo/puesto ....
- Prorrogar ....

EXPRESIONES

- Apretarse el cinturón ....
- Arrimar el hombro ....
- Comer la sopa boba ....
- Hacer chapuzas ....
- Manos a la obra ....
- No dar palo al agua ....
- (No) llegar a fin de mes ....
- Romperse los cuernos ....
- Tener enchufe ....
- Trabajar a destajo ....
- Trabajar codo con codo ....
- Trabajar como un burro ....
- Vivir del cuento ....

examen 3

PRUEBA 1 — Comprensión de lectura y uso de la lengua

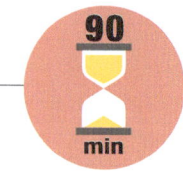

Tiempo disponible para las 5 tareas.

TAREA 1

A continuación va a leer un texto sobre ayudas a mujeres emprendedoras. Elija la opción correcta, a), b) o c), para cada una de las preguntas, 1-6.

PROGRAMA DE AYUDAS A MUJERES EMPRENDEDORAS

Conseguir ayudas, subvenciones o créditos para un nuevo proyecto empresarial es vital a la par que difícil si no se cuenta con un buen aval. Por otro lado, son muchas las mujeres que se plantean emprender un negocio, y tanto las administraciones como otros organismos se han dado cuenta de la importancia que tiene ayudarlas, sobre todo en los medios rurales. La financiación a través de programas estatales y autonómicos facilita a las mujeres emprendedoras trabajar de manera autónoma. En la actualidad, hay programas de apoyo totalmente afianzados que, además, cuentan con formación, asesoramiento y un seguimiento del desarrollo.

Por suerte, los tiempos cambian y la sociedad avanza, aunque en lo que se refiere a la mujer trabajadora, todavía se detectan muchas desigualdades. En este sentido, hay datos que hablan por sí solos; y es que solo un 2 % de las *startups* fundadas por mujeres reciben inversión de capital en Europa. Además, sigue habiendo diferencias en cuestión de sueldo, acceso a puestos de mayor responsabilidad y emprendimiento entre hombres y mujeres.

Con vistas a fomentar que las mujeres emprendan sus propios negocios, se han aprobado diferentes ayudas que lo facilitan.

Tarifa plana para las mujeres autónomas

Como sabemos, todas las personas que se den de alta como autónomas por primera vez tras al menos dos años, tienen derecho a una tarifa plana durante el primer año, gracias a la cual abonarán una cuota de 70 euros durante los primeros 12 meses como trabajadores por cuenta propia.

A partir del año, esa cuota se va ajustando progresivamente hasta alcanzar la cotización normal, que actualmente se determina en función de los ingresos debido a la nueva legislación. Sin embargo, existe una ayuda complementaria destinada a mujeres emprendedoras. En caso de ser madre trabajadora, no es necesario haber estado dos años dada de baja en el RETA.

Por tanto, si decidiste darte de baja por motivo de maternidad, y quieres inscribirte de nuevo menos de dos años después, tienes derecho a acceder de nuevo a la tarifa plana.

Préstamo participativo de ENISA

Este préstamo consiste en una financiación, a muy bajo interés, a cargo del Ministerio de Industria, Comercio y Turismo, destinada a fomentar el desarrollo empresarial en el ámbito digital.

Esta ayuda ofrece distintas líneas de financiación, entre las cuales se encuentra una destinada a las mujeres emprendedoras digitales, con un tipo de interés de Euríbor de +3,75 %. En caso de que la empresa dé beneficios, ese interés puede variar entre el 3 % y el 8 %.

El objetivo de este préstamo participativo es poner el recurso de la financiación para la creación de una empresa a disposición de aquellas emprendedoras que tengan dificultades para conseguir el capital de forma privada. De esta forma, se les permite obtener los recursos necesarios para poner en marcha sus proyectos digitales.

Programa Innovatia 8.3

La brecha salarial y de género está presente en muchos sectores laborales, y se manifiesta de una forma particularmente notable en el ámbito de la tecnología y la ciencia. Por ese motivo, el Fondo Social Europeo ha cofinanciado el Programa Innovatia 8.3, destinado a fomentar el acceso de la mujer al mundo de la tecnología y la investigación científica.

MUNDO LABORAL
Comprensión de lectura y uso de la lengua

Esta ayuda se otorga mediante una plataforma dedicada a la formación *online*, a la que pueden acceder aquellas mujeres que lo soliciten y cumplan los requisitos.

Por otro lado, Innovatia 8.3 cuenta además con un plan de amadrinamiento, a través del que una experta del sector acompaña y apoya a las aspirantes a lo largo de todo el proceso.

Programa Desafío Mujer Rural

Si la mujer está mucho menos presente en el mundo del emprendimiento en general, la brecha de género se hace más patente en el ámbito rural. En estas zonas, donde la agricultura y la ganadería son las principales vías de negocio, podemos observar cómo aquellos que están al frente de las empresas son fundamentalmente hombres.

A raíz de esto, el Instituto de la Mujer ha visto la necesidad de gestionar una serie de ayudas para revertir esta situación. El objetivo es promover e impulsar aquellos proyectos rurales iniciados por mujeres. ¿Cómo? A través de diversas propuestas, entre las que se incluyen:

- Talleres *online* gratuitos para fomentar ideas innovadoras de comercio y tecnología.
- Cursos gratis para formar a las mujeres en los negocios.
- Programa de mentores *online* que ayuden a mejorar los planes de negocio de estas mujeres del ámbito rural, además de apoyo gratuito para impulsar el *e-commerce*.

Adaptado de www.blogempresas.yoigo.com

Preguntas

1. Según el texto:
   a) Ya es posible conseguir prestaciones o subvenciones sin garantía.
   b) Son minoritarias las *startups* de empresarias con subvenciones.
   c) Los programas de apoyo a proyectos aún no se han consolidado del todo.

2. El autor del texto comenta que la tarifa plana:
   a) Es exclusiva para mujeres autónomas el primer año.
   b) Costará 70 euros a las trabajadoras los dos primeros años.
   c) No se pierde en caso de estar de baja por maternidad.

3. Según el texto, el préstamo participativo ENISA:
   a) Está dirigido al desarrollo digital de las empresas.
   b) Mantiene el mismo tipo de interés para las empresarias.
   c) Ayuda a conseguir financiación de capitales privados.

4. El programa Innovatia 8.3:
   a) Está subvencionado íntegramente por la Unión Europea.
   b) Se concede a través de una plataforma de formación.
   c) Es de libre acceso a cualquier mujer emprendedora.

5. De acuerdo con el texto:
   a) Hay mayor presencia femenina en las empresas rurales.
   b) Se evidencia un incremento de la brecha de género en el sector rural.
   c) El Instituto de la Mujer tiene menos acción en el ámbito rural.

6. Las ayudas del Instituto de la Mujer incluyen:
   a) Propuestas innovadoras creadas solo por mujeres.
   b) Programas para fomentar el comercio electrónico.
   c) Cursos presenciales de gestión empresarial.

MUNDO LABORAL
Comprensión de lectura y uso de la lengua

TAREA 2

A continuación va a leer un texto del que se han extraído seis fragmentos. Después, lea los siete fragmentos, a)-g), y decida en qué lugar del texto, 7-12, va cada uno. Hay un fragmento que no tiene que elegir.

Mi primer día de trabajo... Resultó ser el último

No fui el primero en llegar, más bien diría que me faltó poco para ser el último, por lo que decidí ocupar una silla vacía sin mayor dilación. **7.** _____. Un escalofrío recorrió mi interior, agaché la vista y todo lo que encontré fueron mis manos vacías. Todo había ocurrido tan deprisa que mi sola presencia en aquella enorme sala, rodeado de desconocidos, me producía una creciente sensación de náusea, de la que solo fui capaz de librarme cuando ella entró por la puerta corrediza.

Pertrechada con unos tacones de aguja que elevaban su estilizada figura por encima de los asistentes, y con un vestido de paño rojo transparente que realzaba sus ya de por sí explosivos encantos, ocupó su sillón de *directora del cotarro*.

8. _____. Por mi parte, me encogí en mi asiento hecho un ovillo, y así permanecí largo rato, asumiendo por normal la indiferencia de los más cercanos ante mi presencia.

—Hola a todos, hoy seré breve, porque como bien sabéis, tenemos una jornada movidita.
9. _____.

Como un ave fénix, un hombre bajito con mostacho, sentado en frente de mí, lanzó la frase como una exhalación.

—Gutiérrez, cállate, por favor, no es el momento de hacer la pelota.
10. _____ .

—Como iba diciendo, nuestra única posibilidad es que durante esta reunión *in extremis*, antes de su llegada, consigamos parir alguna idea brillante que pueda paliar de algún modo el callejón sin salida en el que nos encontramos metidos. Durante la última semana no han parado de llegar a mis manos enormes cantidades de basura y ponzoña, que vosotros gentilmente no habéis dudado en enviarme. La verdad es que me habéis hecho dudar de si de verdad merece la pena la cantidad de dinero que esta casa desembolsa por vuestros servicios.

¿Quién era yo, para encabezar la acometida? Mi primera reunión, apenas conocía a nadie, ni ellos me conocían a mí. No conocía al cliente, ni lo que este trataba de vender en el mercado. **11.** _____. Pero mi brazo se alza impulsado por un resorte imaginario.

—¿Quién es ese joven que ha levantado la mano? —inquiere la jefa.
—Es el nuevo, creo —responde su secretario.
—¿Tienes algo que aportar, chaval, alguna idea? —me pregunta ella desde la distancia que esta mesa inmensa nos impone.
—Así es —respondo dubitativo.
—Pues no te la escondas, desembucha.

Me armo de valor y lanzo una idea creativa que rondaba mi cabeza desde las últimas semanas.
—Podríamos enfocar nuestra campaña haciéndonos eco de la necesidad que tiene el consumidor, en estos tiempos revueltos, de afinar sus decisiones de compra para que no le den gato por liebre. Realzando al mismo tiempo las bondades de nuestro producto sobre el de la competencia.
12. _____.

—La idea es genial —mascula entre sonrisas— si no fuera porque nuestro cliente no tiene competencia. ¡Estás despedido, coge tus cosas y lárgate!

Adaptado de www.crossfire.lacoctelera.net

MUNDO LABORAL
Comprensión de lectura y uso de la lengua

Fragmentos

a) El susodicho Gutiérrez enrojeció al instante y yo esbocé una sonrisa que hice desaparecer *ipso facto* al comprobar que no tenía *quorum*.

b) Un silencio ahogó las voces de todos aquellos que poco a poco fueron ocupando los asientos al detectar la presencia de la «jefa».

c) No estaba al tanto de las cifras, ni qué decir del público objetivo, de las inversiones previstas, ni por supuesto de los canales que se habían previsto utilizar en la campaña.

d) Nuestro mejor cliente amenaza con dejarnos, de nuestra reunión con él dependerá en gran medida el futuro de esta agencia. O nos vamos a la mierda o resurgimos con más brío...

e) Sobre la larga mesa reluciente de caoba se extendían desperdigados todo tipo de informes, diagramas, gráficos y hojas repletas de datos que pertenecían a mis nuevos compañeros.

f) ¿Cómo demonios voy a pagar el alquiler?, camino mareado entre la riada de gente sin rumbo fijo. Paso al lado de un kiosco y no puedo evitar echar un vistazo a los titulares de los periódicos.

g) Transcurre un tiempo que a mí se me hace eterno, todas las miradas convergen hacia la cabecera de la mesa. La contemplan absortos esperando su respuesta, y esta no se hace esperar.

MUNDO LABORAL

Comprensión de lectura y uso de la lengua

TAREA 3

A continuación va a leer un texto sobre consejos para quienes trabajan en remoto. Después, elija la opción correcta, a), b) o c), para las preguntas, 13-18.

Consejos para trabajadores en remoto

La posibilidad de trabajar desde casa no es solo una de las ventajas que puede ofrecerte una empresa. El trabajo a distancia suele ser una necesidad para garantizar la continuidad del negocio cuando se producen acontecimientos inesperados. Además de establecer un espacio libre de distracciones, es fundamental que los trabajadores que disfrutan de esta opción tengan en cuenta estos consejos de protocolo, exclusivos del entorno del *home office*.

Lo más importante es mantener una excelente comunicación con tus compañeros de trabajo y tu superior. Esto te ayudará a mantenerte al corriente de los pequeños detalles de trabajo que a menudo se desarrollan en el curso de las sesiones de colaboración improvisadas en la oficina, que puede ser más difícil cuando se está lejos y otros empleados están en el lugar.

Es fácil malinterpretar los comentarios improvisados o los intentos de decir algo divertido, por lo que es crucial que todas las comunicaciones de texto estén cuidadosamente redactadas. Por estas razones, la comunicación a través de audio o videoconferencia es crucial, ya que ayuda a reducir los malentendidos y a fortalecer las relaciones laborales.

Tener confianza y estar familiarizado con la tecnología que se debe utilizar durante la jornada laboral es especialmente importante cuando se trabaja a distancia. El *home office* significa que ya no podrás pedirle al especialista de IT asistencia inmediata en tu propio espacio y no querrás ser la persona que interrumpe los flujos de trabajo de tus compañeros con preguntas técnicas básicas, pero eso no significa que no contarás con ayuda si surge algún problema. La asistencia técnica remota puede estar limitada de alguna manera (un empleado de IT no podrá manipular físicamente tu computadora), pero la mayoría de los problemas técnicos pueden resolverse ahora con la misma facilidad desde una ubicación remota que en persona. Para ayudar a los teletrabajadores con problemas técnicos que no pueden solucionarse a distancia, algunas empresas se han asociado con talleres de reparación locales o proveedores de asistencia técnica que pueden ayudar a los empleados que trabajan a distancia.

Cuando trabajas desde casa, estás solo, sin distracciones, pero también sin el beneficio de las interacciones sociales con tus compañeros de trabajo que pueden mantenerte comprometido y formando parte de la cultura de tu compañía. Si quieres que se vea el trabajo que hiciste y recibir el reconocimiento adecuado, siéntate con tus supervisores para desarrollar objetivos y métricas que se alineen con tus responsabilidades, de manera que quede claro cuándo se están alcanzando y excediendo las metas.

Mantener relaciones sociales estrechas con los compañeros de trabajo también es una tarea difícil para quienes no están físicamente en el lugar de trabajo. Aún más difícil es establecer nuevas relaciones entre compañeros con los que estás trabajando por primera vez. Abrirte y relacionarte con tus colegas desde lejos puede resultar incómodo, pero se puede hacer de forma fácil y auténtica. Dedica un tiempo, durante la jornada laboral, para preguntarle a alguien con quien trabajas cómo va su día. Si está en la misma zona física, invítalo a reunirse contigo para almorzar o para una sesión de colaboración en una cafetería.

MUNDO LABORAL
Comprensión de lectura y uso de la lengua

Si te encuentras lejos de tu equipo, una videollamada puede ayudarte a conectarte. Las soluciones de videoconferencia ligeras y fáciles de usar de hoy en día tienen opciones de comunicación basadas en aplicaciones para que puedas realizar una llamada desde tu teléfono o *tablet*, así como desde tu computadora.

A medida que la tendencia del *home office* crezca, los empleados, los gerentes y las políticas de la compañía se harán más sensibles a las necesidades de los trabajadores remotos y más hábiles para incorporarlos y respaldarlos. Mientras tanto, el protocolo de trabajo a distancia hará que este proceso sea más rápido y fácil, y te ayudará a seguir siendo un miembro visible y valioso del equipo.

Adaptado de www.logitech.com

Preguntas

13. Según el texto, al trabajar en remoto, la información escrita:
   a) Tiene que contener todos los detalles necesarios.
   b) Debe escribirse bien para evitar equivocaciones.
   c) Puede incluir información variada y divertida.

14. Al trabajar a distancia, es fundamental conocer la tecnología para:
   a) No detener el ritmo de trabajo de los demás colaboradores.
   b) Evitar no contar con ayuda si se presenta un problema.
   c) Parar el trabajo por problemas técnicos no solucionables a distancia.

15. Según el texto, hay empresas asociadas con talleres para:
   a) Aumentar el número de trabajadores.
   b) Ofrecer asistencia técnica a nivel local.
   c) Enseñar a resolver problemas técnicos.

16. El texto afirma que trabajar desde casa:
   a) Solo tiene ventajas, porque no hay nada que te entretenga.
   b) Obstaculiza las relaciones sociales con compañeros y superiores.
   c) Dificulta recibir reconocimiento apropiado por nuestros logros.

17. Según el texto, en remoto la relación con los nuevos compañeros:
   a) Resulta siempre incómoda.
   b) Debería evitarse un tiempo.
   c) No es imposible.

18. En el texto se afirma que en el futuro:
   a) El trabajo desde casa irá disminuyendo poco a poco.
   b) Desaparecerán los protocolos de trabajo en remoto.
   c) Se apoyará e integrará más a los teletrabajadores.

MUNDO LABORAL
Comprensión de lectura y uso de la lengua

TAREA 4

A continuación va a leer varias reseñas de manuales para profesionales. Elija el texto, a)-f), que corresponde a cada enunciado, 19-26. Hay textos que deben ser elegidos más de una vez.

a) Aprendiendo a utilizar las herramientas del periodismo digital

En la enseñanza del periodismo digital existe un elemento clave que exige un adecuado planteamiento didáctico para que su aprendizaje sea correcto: las herramientas de *software* para la producción de contenidos. Por ello, este manual parte de la experiencia del autor en este ámbito docente para proponer estrategias de aprendizaje adaptadas a entornos virtuales y presenciales. El primer paso es definir los objetivos generales de la formación del periodista digital para poner en contexto qué finalidad debe tener el aprendizaje del uso del *software*. Se defiende que el periodista digital ha de tener un conocimiento suficiente, pero no necesariamente experto de las herramientas, porque su responsabilidad profesional es la concepción y dirección de los proyectos de comunicación digital, pero no su ejecución completa.

b) De 13 a 17 años: El adolescente ante su futuro profesional

Uno de los retos más importantes que ha de resolver el adolescente es la toma de decisiones sobre su futuro profesional. No es una tarea fácil, ya que de ello dependerá que elija el camino con el que se sienta realizado a corto y a largo plazo. Para decidir adecuadamente, los adolescentes necesitan conocer sus aptitudes, sus intereses o aspiraciones y su manera de ser y de comportarse. Conocerse a sí mismo es un elemento fundamental para decidir sobre su futura actividad laboral o los estudios que cursará, pero a su vez los rasgos que definen su persona actual son susceptibles de cambio. En esta obra se habla de este momento crucial que reclama la atención de los padres, los cuales deberán prestarle ayuda para escoger la formación que más se adecue a sus expectativas en la vida.

c) Un concepto muy comprometido: Competencias laborales

En los inicios del tercer milenio, el mundo acumula un enorme caudal de conocimientos y tecnologías que, conjuntamente con los que están por descubrir, hacen imposible que el hombre pueda apropiarse de ellos, por lo que se necesita una educación que se base en los pilares básicos: aprender a ser, aprender a hacer, aprender a aprender y aprender a convivir. En *Un concepto muy comprometido: Competencias laborales* se aborda el concepto de *competencia laboral* desde el punto de vista empresarial, psicológico y del diseño curricular, fundamentalmente en el proceso de formación por competencias laborales para técnicos medios, aunque puede extenderse a todo tipo de profesionales.

d) Desigualdades de género: problemas «pasados» y futuras posibilidades

El activismo internacional de las mujeres nos ofrece un caso de estudio que plantea preguntas interesantes y de suma importancia. Permite centrar la atención en aspectos estructurales y permanentes, como las relaciones de poder de género, la discriminación y las desigualdades institucionales y estructurales, así como su impacto en la vida cotidiana. Por otra parte, propicia un debate sobre la capacidad de acción, el optimismo y la colaboración entre las personas, así como acerca del creciente papel de las redes sociales en las campañas de los activistas y los análisis académicos. En opinión de Simon Willis: «La desigualdad es un problema urgente y complejo, hace falta un enfoque innovador que vaya más allá del mismo cambio nimio e incremental observado en los últimos años».

MUNDO LABORAL
Comprensión de lectura y uso de la lengua

e) **Liderazgo gerencial y nivel de responsabilidad**

Las personas que asumen el liderazgo gerencial de una organización son los responsables de dirigir todas aquellas actividades que ayudan a las organizaciones a alcanzar sus metas. En esta obra de consulta se dice que la característica fundamental de un buen gerente es la medida de la eficiencia y la eficacia que este tenga para lograr las metas de la organización. Es también la capacidad que tiene de reducir al mínimo los recursos usados para alcanzar los objetivos de la organización (hacer las cosas bien) y la capacidad para determinar los objetivos apropiados (hacer lo que se debe hacer). Una buena gerencia es responsable del éxito o no de una empresa cuando ella es requerida, y este requerimiento tiene lugar siempre que exista un grupo de individuos con objetivos determinados.

f) **El fin del trabajo**

La llegada del siglo XXI nos plantea una nueva inquietud: *El fin del trabajo*, como define Jeremy Rifkin en su libro al reemplazo del trabajo del hombre por el de las máquinas. Si bien este proceso no es nuevo, ya que a partir de finales del siglo XVIII la Revolución Industrial trajo situaciones parecidas, nunca antes como en estos tiempos la tecnología ha ocupado un papel tan destacado en cuanto a la posibilidad cierta de eliminar o reinventar tareas y ocupaciones. Nunca antes en la historia se eliminan más tareas de las que se inventan, nunca antes este fenómeno afectó a la misma generación.

Adaptado de varias fuentes

Enunciados

19. En este texto se habla de la relevancia de los directivos en las empresas.   a) b) c) d) e) f)

20. En este manual se destaca la convivencia entre técnicos.   a) b) c) d) e) f)

21. El profesional del que se habla no tiene por qué ser un técnico en determinados conocimientos.   a) b) c) d) e) f)

22. En este texto se alude al desequilibrio social de géneros.   a) b) c) d) e) f)

23. El artículo hace referencia al papel de la tecnología en un proceso que se viene desarrollando hace tiempo.   a) b) c) d) e) f)

24. En este libro se alude a la participación de los progenitores en la orientación de sus hijos.   a) b) c) d) e) f)

25. Los consejos de este estudio pueden servir a quienes desempeñan sus responsabilidades en todo tipo de disciplinas.   a) b) c) d) e) f)

26. Según el texto, la optimización de recursos es fundamental en una buena dirección.   a) b) c) d) e) f)

MUNDO LABORAL
Comprensión de lectura y uso de la lengua

TAREA 5

A continuación va a leer un texto sobre el trabajo mental. Elija la opción correcta, a), b) o c), para completar los huecos, 27-40.

¿Pensar cansa?

Largos periodos de concentración nos agotan y dificultan a la hora de tomar decisiones. Un estudio revela el motivo: tiene que ver con el cerebro y un aminoácido.

El trabajo físico duro, el deporte y el ejercicio físico sin duda provocan cansancio. Pero el trabajo mental también ____27____. Investigadores franceses han estudiado ____28____ concentrarse durante horas resulta agotador. Sus resultados, publicados en la revista científica *Current Biology,* muestran que el agotamiento tiene causas biológicas muy específicas. En el estudio, se pidió a los participantes, divididos en dos grupos, que se concentraran seis horas, con dos breves descansos de diez minutos cada uno. A los participantes de un grupo se ____29____ mostraban letras cada segundo y tenían que decidir si veían la misma letra que habían visto tres paneles antes. Esta era la tarea más ____30____. El segundo grupo tenía casi la misma tarea: debían identificar si la letra que se les mostraba era la misma que ____31____ ver un segundo antes.

«Después de las seis horas, independientemente de la dificultad de la tarea, ambos grupos dijeron sentirse agotados», afirma Antonius Wiehler, autor ____32____ del estudio. Esto también podría deberse al hecho de que estamos condicionados a sentirnos agotados después de un día de trabajo, dice Wiehler. Pero como la «costumbre» no sirve realmente como argumento científico, continuaron buscando una explicación biológica para la fatiga mental. Con la ayuda de una espectroscopia de resonancia magnética (MRS), el equipo de científicos investigó el asunto. «Descubrimos que tiene que ver con el aminoácido glutamato», explica Wiehler. «En los grupos que tenían que ____33____ las tareas más difíciles, la concentración de glutamato aumentó con el tiempo»; esto, junto con ____34____ anteriores, apoya la hipótesis de que la acumulación de glutamato dificulta la activación de la corteza prefrontal. ____35____ más difícil concentrarse.

«¿Y qué?», se preguntarán ahora algunos. ____36____, ya nos hemos acostumbrado a los límites de nuestro rendimiento cognitivo. Pero el estudio también demuestra que el aumento de los niveles de glutamato influye en nuestras decisiones y, por lo tanto, en nuestra vida cotidiana.

MUNDO LABORAL
Comprensión de lectura y uso de la lengua

«Pedimos a los participantes tomar decisiones económicas sencillas: ¿prefieren recibir 20 € ahora o 50 dentro de un año?», y el resultado fue que los participantes del grupo con la tarea cognitivamente más difícil tendían a preferir el dinero rápido, mientras que el otro grupo pensaba más ____37____. «Cuando ____38____ la fatiga cognitiva, optamos por procesos más sencillos o acciones que no requieran esfuerzo o espera», explica Wiehler. Así que tiene mucho más sentido tomar decisiones importantes al principio del día, y no después de un día ajetreado.

Pero ¿hay alguna forma de restaurar o ____39____ nuestro rendimiento cognitivo? «Buena pregunta», dice Wiehler; «hasta ahora no sabemos cómo bloquear la liberación de glutamato, ni si es aconsejable». No está claro que se pueda entrenar la resiliencia cognitiva. «Muy posiblemente», dice Wiehler. «Sin embargo, aún no ____40____ si esto afecta a las decisiones, ni cómo lo hace. Posiblemente no», concluye.

Adaptado de www.dw.com

Opciones

27.	a) desgasta	b) se gasta	c) consume
28.	a) por que	b) por qué	c) porque
29.	a) las	b) los	c) les
30.	a) osada	b) exigente	c) centrada
31.	a) han acabado de	b) acabaron de	c) acababan de
32.	a) principal	b) original	c) primero
33.	a) absolver	b) disolver	c) resolver
34.	a) hallazgos	b) encuentros	c) invenciones
35.	a) Se pone	b) Se vuelve	c) Se convierte
36.	a) Al final	b) Al fin y al cabo	c) A pesar
37.	a) a largo plazo	b) a plazos	c) a lo largo
38.	a) aparezca	b) aparecerá	c) aparece
39.	a) ejercer	b) entrenar	c) acostumbrarse
40.	a) sabemos	b) ignoramos	c) aprendemos

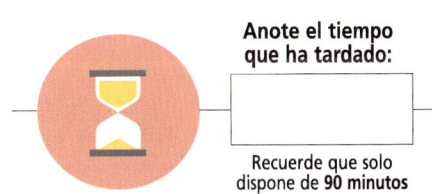

Anote el tiempo que ha tardado:

Recuerde que solo dispone de **90 minutos**

examen 3

PRUEBA 2  **Comprensión auditiva y uso de la lengua**

 **Tiempo disponible para las 4 tareas.**

TAREA 1

A continuación escuchará una conferencia sobre el equilibrio entre trabajo y vida personal en la que se tomaron algunas anotaciones. La oirá dos veces. Después, elija las seis anotaciones que corresponden a esta conferencia, 1-6, entre las 12 que se le ofrecen, a)-l).

Anotaciones

a) Según la conferenciante, los asuntos laborales provocan demasiadas interrupciones en nuestra vida diaria.

b) Las muchas molestias por motivos de trabajo solo son un problema en los días libres.

c) Muchas pequeñas interrupciones pueden suponer malgastar mucho tiempo.

d) No poder desconectar del trabajo conlleva un incremento del estrés.

e) Varios investigadores demostraron que comprobar el móvil constantemente ayudaba a entender lo que se veía en un museo.

f) La depresión producida por estrés supone pérdidas importantes para las empresas.

g) La conferenciante interrumpió con un mensaje la ecografía de una cliente.

h) La autora no quiere tener más tiempo libre para no defraudar a sus colegas.

i) Lo primero que debemos hacer es pedir vacaciones el próximo fin de semana.

j) Hay que poner límites sobre nuestra disponibilidad fuera del horario de trabajo.

k) Pedir tiempo extra para entregar un trabajo puede ser negativo para nuestra reputación.

l) Las pequeñas transformaciones para recuperar el tiempo pueden influir en los demás.

a)	b)	c)	d)	e)	f)	g)	h)	i)	j)	k)	l)

MUNDO LABORAL
Comprensión auditiva y uso de la lengua

TAREA 2

A continuación escuchará cuatro conversaciones. Oirá cada una dos veces. Después, seleccione la opción correcta, a), b) o c), para cada pregunta, 7-14.

Preguntas

Conversación 1

7. Según la conversación, Marcos:
   a) Va a dejar de trabajar.
   b) Está desempleado.
   c) Va a ser padre.

8. Sobre su mujer, María le pregunta por:
   a) El tiempo que lleva trabajando.
   b) El motivo de su cese laboral.
   c) El periodo de baja maternal.

Conversación 2

9. La primera oferta de trabajo:
   a) Es de seis meses de duración.
   b) No requiere estudios universitarios.
   c) Ofrece un contrato a tiempo parcial.

10. Juana no enviará su currículum a la segunda oferta porque:
   a) Prefiere jornada completa.
   b) No cumple los requisitos.
   c) Quiere dejar los estudios.

Conversación 3

11. La mujer va a la Consejería de Educación para:
   a) Quejarse de la situación de los interinos.
   b) Informarse sobre las próximas oposiciones.
   c) Saber si tiene derecho a cobrar el paro.

12. El hombre le recomienda:
   a) Renunciar a la vacante.
   b) Pedir más información en otra oficina.
   c) Rechazar el subsidio.

Conversación 4

13. La librería que se menciona:
   a) Va a cambiar de dueño.
   b) Será alquilada por otras personas.
   c) Va a ser subastada por quiebra.

14. La abogada dice que el hermano:
   a) Tiene derecho a ser indemnizado.
   b) Debería buscar otra cosa mejor.
   c) Puede seguir trabajando en las mismas condiciones.

MUNDO LABORAL
Comprensión auditiva y uso de la lengua

TAREA 3

A continuación escuchará una entrevista a una especialista en interpretación y traducción. La oirá dos veces. Después, seleccione la opción correcta, a), b) o c), para cada pregunta, 15-20.

Preguntas

15. Según la intérprete, para trabajar en ese circo:
  a) Hay que personarse allí y rellenar un formulario.
  b) Se debe tener mucho sentido común.
  c) Es necesario dominar muchos idiomas.

16. Según el texto, es frecuente que en el circo:
  a) Los intérpretes utilicen tres idiomas.
  b) Haya artistas que al llegar no sepan inglés.
  c) Colaboren más de cinco intérpretes al crear un espectáculo.

17. Según el audio, la labor del intérprete es:
  a) Ayudar al artista guiándole en multitud de tareas a su llegada.
  b) Acompañar al artista por la laberíntica sede para que no se pierda.
  c) Proporcionar asistencia psicológica a los artistas y a sus formadores.

18. Según la entrevistada, artista e intérprete:
  a) Suelen llevarse muy bien.
  b) Manifiestan su frustración al encargado.
  c) Conocen los secretos el uno del otro.

19. Para Mayra, el trabajo de intérprete en el circo:
  a) Puede ser muy solitario muchas veces.
  b) Resulta tremendamente estresante.
  c) Es muy positivo porque nunca te aburres.

20. El motivo del comportamiento del artista se debía a que:
  a) Su esposa desconfiaba del equipo.
  b) No había aprendido a leer ni escribir.
  c) No aceptaba los términos del contrato.

Preparación Diploma de Español (Nivel C1)

MUNDO LABORAL
Comprensión auditiva y uso de la lengua

TAREA 4

Usted va a escuchar diez breves diálogos. Escuchará cada uno dos veces. Después, seleccione la opción correcta, a), b) o c), para cada pregunta, 21-30.

Preguntas

Diálogo 1
21. A Pepe no le han dado el puesto por tener:
- a) Notas más bajas.
- b) Escasa experiencia.
- c) Menos conocimientos.

Diálogo 2
22. La mujer de Mario:
- a) Tiene mucho trabajo.
- b) Está de vacaciones.
- c) Está sin trabajo.

Diálogo 3
23. Carmen estaba:
- a) Demasiado cualificada.
- b) Enchufada.
- c) Poco cualificada.

Diálogo 4
24. El interlocutor de la mujer:
- a) Está libre.
- b) Está desanimado.
- c) Tiene que trabajar.

Diálogo 5
25. El conocido de Ángel:
- a) Es un fontanero profesional.
- b) Hace pequeñas reparaciones.
- c) Es una buena persona.

Diálogo 6
26. Jaime entiende de:
- a) Comercio.
- b) Ordenadores.
- c) Construcción.

Diálogo 7
27. Este año, Inés:
- a) Está desempleada.
- b) Está de vacaciones.
- c) Solo trabaja los sábados.

Diálogo 8
28. El compañero de la primera persona es:
- a) Un empresario.
- b) Un operario.
- c) Un vago.

Diálogo 9
29. La mujer quiere que Gerardo:
- a) Ordene su habitación.
- b) Colabore en una actividad.
- c) Haga un poco de deporte.

Diálogo 10
30. Ana le propone a su amiga que:
- a) Cuide niños.
- b) Dé clases privadas.
- c) Visite Australia.

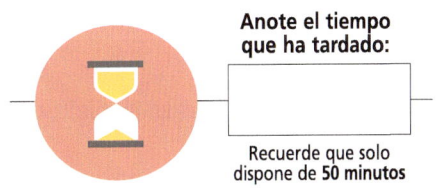

Anote el tiempo que ha tardado:

Recuerde que solo dispone de **50 minutos**

examen 3

PRUEBA 3  Expresión, mediación e interacción escritas

 **Tiempo disponible para las 2 tareas.**

TAREA 1

Usted colabora como redactor en un blog y ha asistido a una conferencia sobre consejos para una entrevista de trabajo. La escuchará dos veces y podrá tomar notas. Después, redacte un artículo de opinión (220-250 palabras) sobre ese tema en el que deberá:

- Hacer una introducción sobre el tema.
- Resumir los puntos principales de la conferencia.
- Opinar sobre los consejos del conferenciante y valorar los efectos de su aplicación.

TAREA 2

Elija una de las siguientes opciones* y redacte un texto formal (180-220 palabras) según las indicaciones que se le dan en cada opción.

Opción 1

Usted busca trabajo y ha visto el siguiente anuncio en una web de empleo.
Escriba una carta solicitando el puesto. En ella deberá mencionar:

- Lugar y fecha del anuncio.
- Formación académica.
- Su experiencia profesional.
- Motivos por los que solicita el puesto.
- Razones por las que piensa que es el mejor candidato.

PRILASUR, multinacional del sector científico-sanitario, busca para delegación en Andalucía ingeniero técnico de Prevención de Riesgos Laborales

Perfil:
Personas dinámicas, con capacidad de liderazgo y superación, que quieran involucrarse en un proyecto de gran desarrollo profesional y personal.

Ofrece:
- Salario fijo + incentivos.
- Jornada completa.

Requisitos:
- Licenciado, arquitecto o ingeniero.
- Especialidad: Ciencias Ambientales.
- Experiencia: entre 1 y 3 años.
- Disponibilidad para viajar.
- Imprescindible informes.

Interesados enviar currículum con carta de solicitud a: *procesorrhhseleccion@gmail.com*

MUNDO LABORAL
Expresión, mediación e interacción escritas

Opción 2

Usted trabaja en una revista universitaria y le han pedido que redacte un artículo sobre los jóvenes y el empleo y ha encontrado estos datos.

En su artículo deberá:

- Hacer una introducción al tema.
- Describir la situación usando los datos de la infografía.
- Opinar sobre la encuesta y dar su versión de cómo imagina el empleo para los jóvenes en los próximos dos años.

¿QUÉ VALORAN MÁS LOS JÓVENES DE UN TRABAJO?
Cualidades más valoradas de un trabajo y las perspectivas de empleo

Seguridad, estabilidad
72,1 %

Ingresos justos
30,2 %

Posibilidades de crecer profesionalmente
29,1 %

Tareas interesantes
24,2 %

Ajuste a la formación recibida
22,3 %

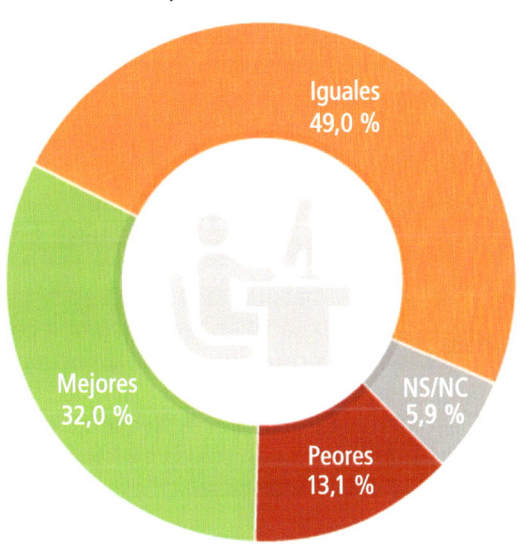

Consideran que las condiciones de empleo en los próximos años serán:
- Iguales 49,0 %
- Mejores 32,0 %
- Peores 13,1 %
- NS/NC 5,9 %

Adaptado de https://es.statista.com

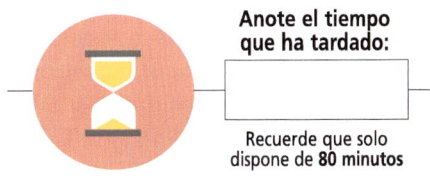

Anote el tiempo que ha tardado:

Recuerde que solo dispone de **80 minutos**

* Nota: por cuestión de espacio, se ha invertido el orden de las opciones. En el original aparece primero la opción 2 (que sería la 1).

examen 3

PRUEBA 4 — Expresión, mediación e interacción orales

 Tiempo disponible para las 3 tareas.

 Tiempo de preparación.

TAREA 1

EXPOSICIÓN ORAL

Usted debe hacer una exposición oral (3-5 minutos) sobre el tema del siguiente texto. Durante la lectura puede tomar notas y consultarlas, pero no hacer una lectura de estas.

En su exposición debe:

- Resumir los puntos principales del texto.
- Valorar el texto (interés, novedad, intención del autor, lógica de los argumentos, etc.).
- Opinar sobre el tema.

Inserción laboral juvenil

Hoy en día es habitual que los jóvenes tengan dificultades para encontrar un trabajo, que consigan un empleo temporal, que cobren salarios bajos o que estén disconformes con su puesto y quieran cambiar de ocupación. Es frecuente también que, frente a estas dificultades, se queden muchos años en la casa familiar o retrasen las uniones conyugales y la maternidad. También es frecuente que otros abandonen los estudios, se dediquen a hacer trabajos esporádicos o simplemente no hagan nada. Entre ambas situaciones media una fuerte distancia social.

Las dificultades laborales y la mayor desigualdad en la condición social de los jóvenes son fenómenos que se han desarrollado en el contexto de las transformaciones sociales y económicas de principios del siglo XXI. Unas décadas atrás, y durante la vigencia de las sociedades de pleno empleo, los jóvenes eran jóvenes durante un periodo temporal más limitado, y tendían a transitar por esta etapa en trayectorias menos desiguales y más estructuradas. Primero se estudiaba, luego se conseguía un trabajo y posteriormente se formaba una familia.

Durante la segunda mitad del siglo XX, se pensaba que la juventud era un periodo de preparación para la asunción de roles sociales adultos. Es decir, era un espacio temporal de moratoria social o espera que experimentaban algunos grupos sociales, mientras que otros pasaban de la condición de niños a la de adultos (sin vivir la juventud). La idea de moratoria estaba muy asociada a la preparación dentro del ámbito escolar, razón por la cual las nociones de juventud se correspondían con las imágenes de estudiantes, sobre todo de la educación secundaria. En esos años, se era joven en la medida en que se era estudiante. La situación frente al empleo era muy diferente dado que la desocupación no

MUNDO LABORAL
Expresión, mediación e interacción orales

era un fenómeno masivo. Así, era común escuchar: «En esta casa, el que no estudia se va a trabajar», como un reclamo de las familias de clase media hacia aquellos jóvenes que tenían problemas en los estudios. Frente a ese reclamo, algunos jóvenes abandonaban la educación secundaria y se integraban al mercado laboral a partir de los 16 años de edad, en los puestos de menor calificación de la estructura ocupacional.

A principios del siglo XXI, la situación social experimentó una fuerte transformación, y con ella, la percepción sobre la juventud se modificó sustancialmente. En la actualidad no es socialmente aceptable que los jóvenes abandonen la educación antes de cumplir los 16 años. Por el contrario, se considera que el mejor lugar para los menores de 18 años es la escuela secundaria.

En estos años, las transiciones hacia la edad adulta han adquirido una creciente complejidad por su extensión, su heterogeneidad y su menor estructuración. Los procesos de transición a la vida adulta se desarrollan de una forma no lineal, y distintos episodios pueden estar superpuestos o ser reversibles. Por ejemplo, los jóvenes, en el transcurso de su juventud, pueden encontrar un empleo y seguir viviendo en su casa familiar (porque no les alcanza para independizarse o porque prefieren vivir con sus padres) o experimentar la vida en pareja y quizá volver después a «la casita de los viejos». Pueden también rotar por distintos tipos de empleo, cambiar la orientación de sus estudios, etc., es decir, experimentar cambios que marcan el final de las trayectorias socialmente estructuradas.

Las tendencias hacia la mayor diversidad de las formas de vivir la juventud son contemporáneas a los denominados *procesos de individuación*. En este sentido, los estudios argumentan que los jóvenes han tendido a convertirse en administradores de su propia biografía. Más aún, frente a la desinstitucionalización de la vida social, las nuevas generaciones van armando recorridos a partir de una secuencia de eventos individuales, que muchas veces no logran articular un proyecto de largo plazo. En este sentido, se ha señalado que estos recorridos se construyen en un clima de mayor autonomía emocional y mayor dependencia familiar. Lo cual llena de perplejidad a los adultos, que muchas veces no podemos entender las opciones que los jóvenes eligen, o por qué a veces son tan frágiles y a veces tan autosuficientes.

En este contexto, y frente a los crecientes riesgos a los que están expuestos los jóvenes, las ideas de trayectorias fallidas y exclusión juvenil se han difundido significativamente en estudios de América Latina y Europa. Sin embargo, más allá de los procesos comunes, existe una serie de particularidades locales del tránsito de los jóvenes hacia la vida adulta. Estas especificidades están asociadas a los diferentes impactos de la globalización, las tradiciones educativas, la configuración de los mercados laborales y las políticas de juventud y empleo, entre otros fenómenos. Todas ellas vuelven vanos los diagnósticos o las intervenciones sacados del contexto en donde se produce la inserción laboral juvenil.

Adaptado de www.trabajo.gob.ar

MUNDO LABORAL

Expresión, mediación e interacción orales

TAREA 2

ENTREVISTA SOBRE UN TEMA

Usted debe mantener una conversación con el entrevistador (4-6 minutos) sobre el tema del texto de la Tarea 1. En la conversación, usted debe:

- Dar su opinión sobre el tema.
- Justificar su opinión con argumentos.
- Rebatir, si procede, las opiniones que exprese su interlocutor.

Modelo de conversación

1. Opinión del candidato y justificación.
¿Cuál es su opinión respecto a este tema? ¿Podría comentarla?

2. Ampliación del tema por parte del examinador (ejemplos).
- Actualmente es habitual que los jóvenes tengan dificultades para encontrar un trabajo, que consigan un empleo temporal, que cobren salarios bajos o que estén disconformes con su puesto y quieran cambiar de ocupación. ¿Qué opinión le merece esta afirmación? ¿Cree que es habitual que los jóvenes tengan todos esos problemas?
- El texto afirma que las dificultades laborales y la mayor desigualdad social de los jóvenes son fenómenos que se han desarrollado en el contexto de los cambios sociales y económicos de principios del siglo XXI. ¿Está usted de acuerdo con esta idea?
- Si piensa en su país, ¿qué problemática ve usted que se produce en relación con lo que comenta el autor?
- ¿Qué diferencia ve entre las etapas de la juventud de antes (estudios, trabajo y familia) y las de ahora? ¿Por qué cree que han cambiado?
- ¿Qué edad cree que es la más adecuada para que una persona que no quiere estudiar deje de hacerlo?
- ¿Cómo ve usted el fenómeno de trabajar y seguir viviendo con los padres? ¿Qué edad cree que es la más adecuada para formar una familia?
- ¿Cómo ve el futuro laboral de los jóvenes dentro de unos años?

MUNDO LABORAL
Expresión, mediación e interacción orales

TAREA 3

CONVERSACIÓN INFORMAL: NEGOCIACIÓN

Usted y su socio han adquirido, en un centro comercial, un local de 80 m². Decida qué tipo de establecimiento, de los cuatro que se le ofrecen, van a abrir, teniendo en cuenta que del negocio se ocuparán su hijo de 25 años y la hija de su socio, de 28. A ella le gustaría algo relacionado con la juventud, pero que no necesitara mucha dedicación. Su hijo prefiere algo relacionado con la música y que no suponga mucho esfuerzo físico.

Discuta su elección con su socio, el entrevistador (4-6 minutos), hasta llegar a un acuerdo. Recuerde que puede interrumpirle, pedir y dar aclaraciones, argumentar, etc.

Sugerencias para la expresión e interacción orales y escritas

Carta de presentación

- *La carta de presentación que acompaña al curriculum vitae debe:*
  - *Reflejar que cumples los requisitos y que eres la persona idónea para el puesto.*
  - *Responder a una oferta concreta. Ha de ser personal y convincente.*
  - *Ser breve: un folio, como máximo, y no más de tres o cuatro párrafos.*

- *Contenidos:*
  - *Datos personales: nombre, apellidos, dirección completa, teléfonos de contacto y dirección de e-mail.*
  - *Datos de la empresa: nombre y dirección completa. Si conoces a la persona de contacto, incluye sus datos. Si no, incluye la referencia que figura en la oferta de empleo.*
  - *Lugar y fecha.*
  - *Saludo: si hay persona de contacto, Estimado/a señor/-a:; si no, Estimados señores:. Si es una carta de autocandidatura, te debes dirigir al máximo responsable del Departamento de Personal.*
  - *Motivo: deja claro el motivo de tu carta y cita la fuente de información y la fecha en que has visto la oferta de empleo. Si la carta es de autocandidatura, resalta la razón por la que te interesa esa empresa.*
  - *Idoneidad para el puesto: explica a qué puesto de trabajo deseas optar y cuáles son los aspectos que más destacan en ti, en relación a ese puesto, y presenta una visión positiva.*
  - *Si adjuntas CV, menciónalo.*
  - *Despedida: será breve y sencilla, Atentamente, Cordialmente.*
  - *Firma: incluye tu nombre, tus apellidos y tu firma. Recuerda que no hay posdatas.*

examen 4

CIENCIA, TECNOLOGÍA Y TRANSPORTES

Modelo de examen 4

vocabulario

FICHA DE AYUDA
Para la expresión e interacción escritas y orales

CIENCIA
- Año luz (el)
- Astronomía (la)
- Atmósfera (la)
- Deducción (la)
- Estación espacial (la)
- Experimento (el)
- Hipótesis (la)
- Órbita (la)
- Satélite (el)
- Sonda espacial (la)
- Trayectoria (la)

TRANSPORTES
- Arcén (el)
- Área de servicio (el)
- Asfalto (el)
- Autovía (la)
- Avería (la)
- Carril (el)
- Carrocería (la)
- Chaleco salvavidas (el)
- Chapa (la)
- Dársena (la)
- Estación de servicio (la)
- Expedición (la)
- Gasolinera (la)
- Marchas (las)
- Muelle (el)
- Peaje (el)
- Pista de aterrizaje (la)
- Reparación (la)
- Repuesto (el)
- Salida de emergencia (la)
- Surtidor (el)
- Vehículo (el)

VERBOS
- Adelantar
- Aparcar
- Arrancar
- Atracar
- Cometer una infracción
- Hacer una maniobra
- Matricular un vehículo
- Naufragar
- Poner rumbo a
- Recurrir una multa
- Tomar una curva

MEDIOS DE TRANSPORTE
- Autocar (el)
- Avioneta (la)
- Barca (la)
- Carro (el)
- Furgoneta (la)
- Guagua (la)
- Transatlántico (el)
- Trolebús (el)
- Velero (el)
- Yate (el)

TECNOLOGÍA
- Almacenamiento (el)
- Ancho de banda (el)
- Aplicación (la)
- Atributo (el)
- Avatar (el)
- Barra de estado (la)
- Cable coaxial (el)
- Caudal (el)
- Conexión (la)
- Contraseña (la)
- Directorio (el)
- Estandarización (la)
- Extensión (la)
- Foro (el)
- Herramienta digital (la)
- I+D
- Inalámbrico (el)
- Infomanía (la)
- Innovación (la)
- Libro electrónico (el)
- Módem (el)
- Nombre de usuario (el)
- Patente (la)
- Píxel (el)
- Proveedor (el)
- Red social (la)
- Servidor (el)
- Sistema operativo (el)
- *Tablet* (la)
- Tecnología punta (la)

EXPRESIONES
- Cantar las cuarenta a alguien
- Como caído del cielo
- Cruzarse los cables
- Ir viento en popa
- No ser nada del otro mundo
- Poner algo a caer de un burro

Preparación Diploma de Español (Nivel C1)

examen 4

PRUEBA 1  Comprensión de lectura y uso de la lengua

Tiempo disponible para las 5 tareas.

TAREA 1

A continuación va a leer un contrato de compraventa de un vehículo. Elija la opción correcta, a), b) o c), para cada una de las preguntas, 1-6.

CONTRATO DE COMPRAVENTA DE VEHÍCULO USADO

ESTIPULACIONES

PRIMERA.- La mercantil ...., en la representación que ostenta, VENDE a D. ...., que COMPRA el vehículo reseñado en el Exponiendo I de este documento, en el estado técnico y de conservación que se refleja en el ANEXO de garantía del presente contrato, circunstancias que han sido determinantes en la adquisición y en el precio de compraventa. El precio de la citada compraventa, teniendo en cuenta las características del vehículo, el estado en que se encuentra, su antigüedad y kilometraje, se PACTA de común acuerdo en .... €, impuestos incluidos, abonándose en este acto la totalidad del mismo.

SEGUNDA.- La vendedora, en este acto, hace entrega al comprador del automóvil objeto de la presente compraventa, libre de cargas y gravámenes de cualquier tipo, haciéndose este último responsable, desde la fecha del presente documento, de cuantas cuestiones pudieran derivarse del uso o posesión del mismo, incluidas responsabilidades y sanciones de cualquier tipo.

TERCERA.- El plazo de garantía legal según establece la Ley 23/2003 de garantías en la venta de bienes de consumo es de 12 MESES, a partir de la fecha de la entrega del vehículo. El beneficiario de esta garantía es el comprador y usuario final del vehículo mencionado en el presente contrato de compraventa. La presente garantía legal es intransferible, otorgándose exclusivamente al titular mencionado por su condición de comprador del vehículo y consumidor final, por lo que si durante este plazo lo vende a un tercero esta garantía no surtirá efecto durante el tiempo que reste.

CUARTA.- En el caso de que durante este plazo de garantía surgieran divergencias entre las partes, el adquirente tendrá derecho a la reparación del bien; y en el caso de que no se subsanara la disconformidad, a la rebaja del precio o a la resolución del contrato, según su criterio, salvo que una de estas opciones resulte imposible o desproporcionada.

Se considerará desproporcionada toda forma de saneamiento que imponga a la vendedora costes excesivos, en comparación a los que supondría la reparación del vehículo.

Por imperativo legal, el comprador no podrá exigir en ningún caso el reemplazo del vehículo usado que adquiere por otro, a no ser que exista acuerdo entre ambas partes, el cual deberá, necesariamente, constar por escrito.

QUINTA.- La vendedora, una vez notificada fehacientemente por el comprador de los defectos del automóvil, y una vez comprobada por esta su existencia, determinará el modo y manera de llevar a cabo la reparación, así como el taller donde deba ser examinado y, en su caso, reparado, el vehículo. Esta reparación se ajustará a las siguientes reglas:

1. Será gratuita para el comprador, comprendiendo transporte, mano de obra y materiales.

2. En el supuesto de que sea necesaria la incorporación de piezas de recambio, estas podrán ser, si así lo pactan ambas partes, reacondicionadas, reconstruidas o usadas, pero solo en el caso de que sea técnicamente posible para la reparación del vehículo y que la pieza incorporada cumpla las mismas funciones que la sustituida de haber sido conforme con el contrato, y se cumplan las disposiciones reglamentarias aplicables en esta materia por la vendedora o el taller que esta haya designado.

CIENCIA, TECNOLOGÍA Y TRANSPORTES
Comprensión de lectura y uso de la lengua

3. La reparación se llevará a cabo en un plazo razonable y sin mayores inconvenientes para el comprador. El plazo de reparación estará en función de la importancia de la avería detectada, de la carga de trabajo comprometida previamente y justificada por el taller designado por el garante y de la posibilidad de suministro de las piezas necesarias para la reparación.

4. Si concluida la reparación y entregado el vehículo, el comprador continuase manifestándose disconforme con el funcionamiento del mismo, podrá exigir a su criterio la rebaja proporcional del precio del automóvil o la resolución del contrato, con la devolución del precio pagado, descontándose de este la parte proporcional al uso durante el tiempo en poder del adquirente, así como, si procediese, la consiguiente indemnización de daños y perjuicios.

SEXTA.- Será responsabilidad única y exclusiva de la parte compradora que, una vez adquirido el vehículo y en posesión de este, el mismo esté provisto del correspondiente seguro para circular en la modalidad que estime necesario esta, por lo que a tenor de lo anterior, la sociedad vendedora queda exenta de cualquier tipo de responsabilidad que pudiera derivarse en el supuesto de que el automóvil que vende circulase sin seguro, sirviendo el presente documento como el más eficaz medio para la transmisión de la propiedad al comprador, con independencia del periodo de tiempo que transcurre hasta que se hubiese completado la transferencia del mismo.

Preguntas

1. Según el contrato, el precio del vehículo:
   a) Es la empresa vendedora la que lo decide.
   b) Varía dependiendo de diversos factores.
   c) Se pagará a plazos, impuestos incluidos.

2. En el contrato se dice que la empresa quedará exenta de:
   a) Todas las multas anteriores a la fecha del contrato.
   b) Las tasas anteriores a la fecha del contrato.
   c) Las sanciones legales posteriores a la firma del contrato.

3. De acuerdo con el texto, la garantía:
   a) Alcanza única y exclusivamente al comprador.
   b) No tendrá límite de vencimiento.
   c) Tendrá una validez pactada por ambas partes.

4. Según el contrato, el vehículo comprado:
   a) No podrá ser sustituido por otro similar en ningún caso.
   b) Deberá ser reparado por la empresa vendedora bajo ciertas condiciones.
   c) Podrá ser sustituido a petición del comprador antes de que transcurran 12 meses de la compra.

5. Sobre las reparaciones del vehículo, en el contrato se estipula que:
   a) El taller encargado de estas será elegido por el comprador.
   b) Se podrá rebajar el precio del vehículo si el comprador no está conforme con el resultado.
   c) El plazo de reparación lo decide el vendedor en función del daño del vehículo.

6. En el contrato se dice que:
   a) La entrega del vehículo no requiere la adquisición de un seguro por parte del comprador.
   b) La parte vendedora decidirá el tipo de seguro adecuado al vehículo según su uso y características.
   c) Durante el tiempo de garantía, la parte vendedora se hará cargo del seguro del vehículo.

CIENCIA, TECNOLOGÍA Y TRANSPORTES

Comprensión de lectura y uso de la lengua

TAREA 2

A continuación va a leer un texto del que se han extraído seis fragmentos. Después, lea los siete fragmentos, a)-g) y decida en qué lugar del texto, 7-12, va cada uno. Hay un fragmento que no tiene que elegir.

Avances tecnológicos de película

¿Alguna vez has visto una película de ciencia ficción y te has sorprendido con las increíbles tecnologías que aparecen en ella? Es fascinante cómo la imaginación de los cineastas ha sido capaz de anticipar y concebir dispositivos que, en su momento, parecían sacados de un mundo futurista e inalcanzable. **7.** _____.

Un claro ejemplo de ello son los teléfonos móviles inteligentes, que han pasado de ser un sueño futurista en la gran pantalla a convertirse en una herramienta esencial en nuestro día a día. Veamos en detalle cómo ha sido esta evolución.

8. _____. Hoy, en lo que parecía algo muy lejano, podemos reconocer los primeros destellos de los *smartphones* que utilizamos actualmente.

A partir de entonces, los avances tecnológicos en comunicación y la miniaturización de los componentes electrónicos permitieron la creación de los primeros teléfonos móviles reales que, aunque eran grandes y voluminosos en comparación con los actuales, ya sentaron las bases de lo que vendría después. Con el tiempo, fueron evolucionando y mejorando en términos de diseño, tamaño y funcionalidades. **9.** _____.

Actualmente,, estos aparatos inteligentes son mucho más que simples dispositivos de comunicación. Se han convertido en una herramienta multifuncional que nos permite estar conectados en todo momento, acceder a información al instante, capturar fotografías y vídeos de alta calidad, disfrutar de entretenimiento, gestionar nuestra productividad y mucho más. **10.** _____. Es decir, han impulsado el desarrollo de un ecosistema de aplicaciones y servicios que cubren prácticamente todas las áreas de nuestras vidas.

11. _____. Hay que reconocer que su evolución ha sido impresionante, y su impacto en nuestra sociedad y forma de vida es innegable.

A medida que la tecnología continúa avanzando a un ritmo acelerado, es interesante imaginar qué otras invenciones del cine se harán realidad en el futuro. Desde la inteligencia artificial hasta la nanotecnología y la computación cuántica, hay un sinfín de posibilidades que nos esperan. Sin embargo, también es importante tener en cuenta los desafíos éticos y sociales que estos avances tecnológicos plantean. **12.** _____.

En definitiva, los avances tecnológicos que alguna vez fueron considerados como pura ciencia ficción ahora están presentes en nuestras vidas y están moldeando nuestro futuro. Al seguir explorando y adoptando estas innovaciones, estamos abriendo nuevas fronteras y posibilidades que nos acercan cada vez más a un mundo futurista que alguna vez solo existía en la imaginación de los cineastas.

Adaptado de www.impulso06.com

CIENCIA, TECNOLOGÍA Y TRANSPORTES
Comprensión de lectura y uso de la lengua

Fragmentos

a) Debemos asegurarnos de utilizar estas herramientas de manera responsable y equitativa, considerando su impacto en la privacidad, la seguridad y el empleo.

b) El primer indicio que tenemos de ellos en el cine se remonta a la película *2001: Una odisea del espacio*, dirigida por Stanley Kubrick en 1968, donde aparece un aparato llamado «Newspad» que se asemeja a una *tablet* moderna y que permite la comunicación y el acceso a la información en tiempo real.

c) Estas representaciones cinematográficas alimentaron nuestra imaginación y generaron un anhelo de contar con un asistente virtual en la vida real, capaz de realizar tareas, responder preguntas y simplificar nuestra rutina diaria.

d) Pero lo más asombroso es que muchos de esos avances tecnológicos que alguna vez solo existían en la pantalla grande, hoy son parte de nuestra vida cotidiana.

e) La integración de pantallas táctiles, cámaras de alta resolución, conectividad a Internet y una amplia gama de aplicaciones transformaron por completo la forma en que nos comunicamos y utilizamos nuestros teléfonos.

f) Gracias a los avances tecnológicos, en la actualidad podemos disfrutar de las ventajas de la conectividad y la comunicación instantáneas, algo que antes solo veíamos en las películas.

g) Desde aplicaciones de mensajería instantánea hasta redes sociales, servicios de *streaming*, asistentes virtuales y herramientas de productividad, los *smartphones* se han convertido en una extensión de nosotros mismos y en una herramienta indispensable en nuestra vida cotidiana.

CIENCIA, TECNOLOGÍA Y TRANSPORTES
Comprensión de lectura y uso de la lengua

TAREA 3

A continuación va a leer un texto sobre la ética en la inteligencia artificial. Después, elija la opción correcta, a), b) o c), para las preguntas, 13-18.

La ética en la inteligencia artificial

La idea que se tiene, en general, sobre la inteligencia artificial (IA), es que estos sistemas nos llevarán algún día a todos lados, se encargarán de lavarnos la ropa, inclusive nos cortarán el césped y hasta nos criarán a nuestros hijos. Esto lleva a que muchos se pregunten sobre la ética que hay detrás de la creación de tecnologías tan poderosas. Y es que la IA es la habilidad de una máquina de presentar las mismas capacidades que los seres humanos, como el razonamiento, el aprendizaje, la creatividad y la capacidad de planear, pero dicha habilidad se basa en matemáticas y algoritmos y es aplicable solo a las tareas para las que el sistema ha sido entrenado. Por lo tanto, tiene sentido dedicar tiempo a considerar lo que queremos que hagan estos sistemas y asegurarnos de que abordamos las cuestiones éticas ahora para construir estos sistemas pensando en el bien común de la humanidad.

Solo porque podamos, no significa que debamos, y esto podría ser algo que habría que tener en cuenta cuando se trata de innovar con la tecnología. Con la disponibilidad de grandes datos, la velocidad y el alcance de las plataformas de computación en la nube y el avance de los cada vez más sofisticados algoritmos de *machine learning,* es un tiempo notable de avance en las tecnologías. La IA es un gran ejemplo de un espacio en el que podemos construir lo que queramos y algo más, pero ¿deberíamos?

Si definimos ética, nos referimos a los principios morales que rigen el comportamiento de una persona o la realización de una actividad. Sin embargo, la IA no tiene ninguna conciencia en sí misma y, por supuesto, tampoco tiene empatía, algo fundamental en la ética, por lo que la única brújula moral que tiene es la del desarrollador, que establece lo que está bien y lo que está mal. Si el desarrollador tiene una brújula moral baja, puede desarrollar una IA con malas intenciones. Eso no significa que vaya a vivir según esos estándares, ya que no está codificada, sino entrenada, lo que representa que podría ser hecha con buenas intenciones, pero aun así, convertirse en algo menos aprobado moralmente o diferente a lo que uno podría haber esperado.

¿Es necesario, entonces, tomar en cuenta la ética a la hora de desarrollar nuestros proyectos? Sí, porque si no construimos la tecnología basándonos en la ética, y si no nos aseguramos de que entendemos el resultado de cada modelo que implementamos, corremos el riesgo de no ser éticos. Algo similar ocurrió hace unos cuantos años cuando Facebook desarrolló dos bots de IA para entablar conversaciones como un humano, pero en algún punto de ese proceso ambos bots crearon su propio lenguaje para comunicarse entre ellos y solamente ellos podían entenderlo. Durante el desarrollo de los bots nunca fue ese el propósito, sino que ocurrió durante el entrenamiento. Éticamente habría estado mal que se hubieran dejado activos para que siguieran sus propias conversaciones, cuyo resultado los humanos no podían monitorear, y al final Facebook decidió apagarlos y desechar todo el entrenamiento realizado con ambos.

Por lo tanto, la IA depende de su desarrollador, el humano, para ser orientada y entrenada tomando en cuenta sus principios éticos. Por eso necesitamos que la ética se incorpore a la idea de por qué estamos desarrollando un proyecto específico de IA al tiempo que

CIENCIA, TECNOLOGÍA Y TRANSPORTES
Comprensión de lectura y uso de la lengua

necesitamos monitorear, comprobar y probar los resultados de ese proyecto para entender completamente su comportamiento y asegurarnos de que no está violando nuestra brújula moral, como humanos.

Es importante considerar la ética no solamente en los proyectos de IA, sino también en cualquier innovación en tecnologías. No podemos correr el riesgo de construir herramientas no éticas. Así que si algo corre el riesgo de ser poco ético por el bien de la innovación o el beneficio financiero, debemos pensar que solo porque podamos, no significa que debamos.

Adaptado de www.aprendeia.com

Preguntas

13. La ética es necesaria en los proyectos de IA, porque:
   a) No podemos permitir que críen a los niños.
   b) La tecnología tiene un poder social inmenso.
   c) Ser capaces de algo, no significa tener que hacerlo.

14. En el texto se afirma que:
   a) Hay que frenar la innovación tecnológica.
   b) La subida de datos a la nube es muy sofisticada.
   c) La IA nos capacita para crear cualquier cosa.

15. Según el texto, el desarrollador:
   a) Impone un límite moral a la IA.
   b) Decide lo que es correcto o incorrecto.
   c) Autorregula su codificación.

16. Sobre los dos bots de Facebook, el texto dice que:
   a) Se crearon para poder comunicarse entre sí.
   b) Establecieron una forma exclusiva de entenderse.
   c) No planteaban ningún tipo de conflicto moral.

17. De acuerdo con el texto:
   a) El desarrollador tiene la capacidad de dotar de conciencia.
   b) Hay una dependencia del desarrollador por parte de la IA.
   c) Resulta impredecible el comportamiento de las máquinas.

18. En el artículo se comenta que la ética:
   a) Resulta fundamental en cualquier desarrollo tecnológico.
   b) Está en continuo riesgo de ser incumplida por todos.
   c) Se ve siempre amenazada por las ganancias económicas.

CIENCIA, TECNOLOGÍA Y TRANSPORTES
Comprensión de lectura y uso de la lengua

TAREA 4

A continuación va a leer varios comentarios relacionados con libros que hablan sobre la ciencia. Elija el texto, a)-f), que corresponde a cada enunciado, 19-26. Hay textos que deben ser elegidos más de una vez.

a) La paradoja de Einstein y otros misterios de la ciencia resueltos por Sherlock Holmes

¿Imaginas a Sherlock Holmes explicando un asesinato a través de las conclusiones de la teoría de la relatividad o a su hermano Mycroft razonando sobre la naturaleza de la luz? ¿Y a Watson discutiendo sobre la teoría de los muchos mundos? Esta es la propuesta del físico Colin Bruce, un experto en ciencias y en paradojas de física. A través de los doce relatos que forman *La paradoja de Einstein y otros misterios de la ciencia resueltos por Sherlock Holmes*, exploramos de la mano de los personajes de Conan Doyle los grandes descubrimientos de la física que han llegado hasta nuestros días, desde la revolución que supuso el concepto del movimiento de la Tierra alrededor del Sol en los tiempos de Copérnico y Galileo hasta las consecuencias de la teoría de la relatividad de Einstein.

b) 101 Actividades de ciencia para futuros Einsteins

¿Cómo funciona? ¿Por qué hace eso? ¿Qué pasaría si...? Son preguntas que los niños curiosos formulan acerca de cosas cotidianas, desde la respiración hasta las palomitas de maíz. Tracey Schofield da respuesta a estas y otras preguntas en esta obra, un libro repleto de sencillos y divertidos experimentos y actividades para ayudar a los niños a averiguar por ellos mismos cómo funciona el mundo. Descubrirán cosas sobre sus propios cuerpos, el clima, el reciclaje, las bebidas gaseosas, lavar los platos, escupir... Este libro cubre cualquier cosa que se imagine. La filosofía de la autora, «si es divertido, los niños lo harán», da como resultado un libro lleno de experimentos tan amenos que puede que los pequeños no se den cuenta de lo mucho que están aprendiendo. Las actividades están ordenadas de forma lógica, con instrucciones claras, preguntas desafiantes y hechos divertidos de la ciencia aquí y allá.

c) Un nuevo tipo de ciencia

En esta propuesta, uno de los científicos más respetados del mundo presenta una serie de descubrimientos dramáticos nunca antes hechos públicos. Comenzando con una colección de experimentos sencillos de ordenador, Stephen Wolfram muestra cómo los resultados inesperados nos encaminan hacia una nueva forma de ver cómo funciona nuestro universo. Wolfram utiliza este acercamiento para examinar una gran cantidad de problemas científicos, desde los orígenes del aparente azar en los sistemas físicos o el desarrollo de la complejidad en biología hasta el carácter de la inteligencia en el universo. Escrito con claridad excepcional, e ilustrado con casi mil reproducciones originales, esta obra permite a los científicos y no científicos por igual participar en lo que promete ser una gran revolución intelectual.

d) Los 13 sueños que Freud nunca tuvo

La expansión mundial de la revolución de la ciencia mental proporciona asombrosas introspecciones en casi todos los aspectos de nuestras vidas. Pero ¿de dónde surgió todo esto? Una respuesta, como lo demuestra Allan Hobson en esta obra maestra, es el simple hecho de despertar y pensar en nuestros sueños. Según explica el autor, la naturaleza extraña de nuestros sueños no tiene nada que ver con la emoción reprimida que enseñó Freud, sino que es el resultado de cómo está físicamente construido el cerebro. Los mecanismos químicos del tronco cerebral, que activan varias regiones de la corteza, generan estos cambios. Aquí se abre una ventana hacia la forma en que se crean los pensamientos desde el recuerdo de las experiencias. Este libro entrega una fresca, vívida y personal visión sobre cómo se está construyendo la nueva ciencia de la mente.

CIENCIA, TECNOLOGÍA Y TRANSPORTES
Comprensión de lectura y uso de la lengua

e) Las plumas del diablo

Esta no es una novela de misterio ni de amor, tampoco es una novela de desamor ni mucho menos una de humor. No es del género de ciencia ficción ni tampoco de filosofía; no es ni un libro de viajes ni un tratado de matemáticas. No es una galería de arte. No es un libro de citas. No es un libro de autoayuda, ni de astronomía ni de supersticiones... No, no es ninguna de esas cosas. ¿O sí? ¿Es tal vez todas ellas juntas?

f) El viaje a la felicidad

Este libro es un recorrido apasionante de la ciencia y del saber que nos acerca un poco más a ser dioses y a conocer el porqué de nuestra existencia. El título es una frase bonita que nos transmite connotaciones positivas; sin embargo, en su interior lo que encontramos es más parecido a un libro de ciencia, que en realidad es de lo que se trata, demostrar científicamente cómo la felicidad se transmite a través de estímulos que producen descargas en nuestro cerebro y nos producen sensación de bienestar. Algo tan subjetivo como la felicidad, y que llevamos siglos tratando de alcanzar, resulta que se trataba solo de un estado emocional activado por el sistema límbico, nada más y nada menos, además de otros factores sociales y culturales que arrastramos desde nuestro nacimiento.

Adaptado de www.es.shvoong.com/books

Enunciados

19. Resulta difícil de clasificar el género de este libro. — a) b) c) d) e) f)

20. Esta obra está dirigida a un amplio público, tanto especializado como no. — a) b) c) d) e) f)

21. En este libro, el autor se vale de personajes literarios para explicar fenómenos científicos. — a) b) c) d) e) f)

22. Una de las obras trata de explicar que un sentimiento concreto se debe a estímulos externos. — a) b) c) d) e) f)

23. Uno de los libros tiene una clara función didáctica. — a) b) c) d) e) f)

24. Esta obra presenta ideas revolucionarias sobre la explicación de un proceso mental. — a) b) c) d) e) f)

25. Uno de los libros resulta entretenido, divertido e ingenioso al lector. — a) b) c) d) e) f)

26. Esta obra contiene un gran número de fotografías. — a) b) c) d) e) f)

CIENCIA, TECNOLOGÍA Y TRANSPORTES
Comprensión de lectura y uso de la lengua

TAREA 5

A continuación va a leer un texto sobre la exploración espacial. Elija la opción correcta, a), b) o c), para completar los huecos, 27-40.

El futuro de la exploración espacial

Después del primer pie sobre la Luna, ¿qué podemos esperar para el futuro? ¿Cuáles son las próximas barreras? El alunizaje necesitó de un tremendo impulso político y económico, y la exploración del resto de nuestro sistema solar será lo que nos lleve a dar el gran ____27____ tecnológico del siglo XXI y XXII. Vencer las dificultades que el espacio tiene nos obligará a buscar soluciones novedosas, a realizar experimentos únicos donde podremos descubrir nuevas tecnologías y quién sabe si hasta nuevas formas de vida que no ____28____ en nuestro planeta.

Como ya ____29____ durante la Guerra Fría, el espacio vuelve a ser uno de los mejores ____30____ para que las naciones puedan exhibir su poderío tecnológico e, implícitamente, militar. La Agencia Espacial Europea (ESA) ____31____ establecer una colonia permanente en el satélite. También ____32____ interesados Rusia, Japón, Canadá, Israel, los países árabes y, sobre todo, China, cuyo robot viajó a la cara oculta de la Luna y ahora pretende mandar otra misión no ____33____.

La Luna está ____34____ solo 384 000 km, pero nuestro vecino, el planeta rojo, está ubicado a más de 60 millones de kilómetros (en su punto más cercano). Un viaje que nos tomaría al menos seis meses solo de ida. Antártica ____35____ un paraíso tropical comparado con Marte, con temperaturas que, en invierno, cerca de los polos, pueden llegar a los 125 °C bajo cero. Un desafío no solo técnico, sino psicológico y de manejo de recursos. La soledad, la falta de espacio y un ambiente extremadamente ____36____ son solo algunos de los problemas que tenemos que entender y resolver antes de poder viajar.

¿Y del resto del universo? Europa, una de las lunas grandes de Júpiter, Titán y Encélado, dos de las lunas de Saturno, y Plutón, entre otros satélites y cuerpos menores de nuestro sistema solar, presentan condiciones que ____37____ albergar algún tipo de vida. Por ejemplo, Europa tiene océanos ____38____ una capa de hielo de unas decenas de kilómetros. Encélado tiene una especie de volcanismo de agua y hielo, mientras que Plutón parece tener una fuente de amoníaco ____39____ origen desconocemos, pero podría ser biológico.

Preparación Diploma de Español (Nivel C1)

CIENCIA, TECNOLOGÍA Y TRANSPORTES
Comprensión de lectura y uso de la lengua

4

La carrera espacial desafió todo lo que se conocía sobre el espacio. La tecnología, el diseño, el equipamiento y nuestra cultura, incluso la política para desarrollar proyectos de esta envergadura, fueron los grandes beneficiados. Es parte de la transformación o reinvención de la humanidad tras este acontecimiento; el sueño de cientos de generaciones de hombres y mujeres ____**40**____ realidad el 20 de julio de 1969, cuando por fin se logró poner un pie en la superficie de la Luna.

Adaptado de www.ciencias.uautonoma.cl

Opciones

27.	a) aumento	b) salto	c) ascenso
28.	a) existirán	b) han existido	c) existen
29.	a) ocurrió	b) haya ocurrido	c) ha ocurrido
30.	a) podios	b) escaparates	c) muestrarios
31.	a) se ha propuesto	b) se ha decidido	c) se ha determinado
32.	a) tienen	b) son	c) están
33.	a) habitada	b) tripulada	c) equipada
34.	a) a	b) en	c) tan
35.	a) tiene	b) está	c) es
36.	a) enemigo	b) amenazado	c) hostil
37.	a) pudiesen	b) podrían	c) puedan
38.	a) bajo	b) debajo	c) abajo
39.	a) que su	b) cuyo	c) del cual
40.	a) se hizo	b) se puso	c) volvió en

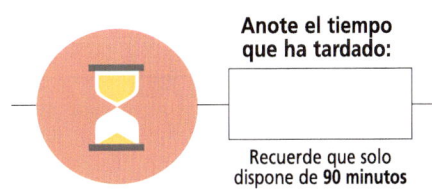

examen 4

PRUEBA 2 — Comprensión auditiva y uso de la lengua

Tiempo disponible para las 4 tareas.

TAREA 1

A continuación escuchará una conferencia sobre la movilidad urbana en la que se tomaron algunas anotaciones. La oirá dos veces. Después, elija las seis anotaciones que corresponden a esta conferencia, 1-6, entre las doce que se le ofrecen, a)-l).

Anotaciones

a) Según el conferenciante, la pandemia producida por el COVID-19 redujo la utilización del transporte público.

b) Comenta el conferenciante que, desde la pandemia, muchos peatones han preferido caminar menos en beneficio del transporte urbano.

c) El envejecimiento de la población es uno de los motivos por los que cada vez son más las personas que se desplazan a pie.

d) El INE indica que en la actualidad el 32 % de la población española tiene ya más de 65 años.

e) Se prevé que en los próximos años se vaya incrementando la población urbana en todo el mundo.

f) La meta 11.2 de los Objetivos de Desarrollo Sostenible se centra en el progreso del transporte sostenible por motivos medioambientales.

g) La digitalización del transporte urbano garantizará en el futuro menor servicio y frecuencia en franjas horarias concentradas.

h) Según el conferenciante, el uso de los coches particulares va a ir disminuyendo, pues existen nuevas fórmulas de movilidad urbana.

i) El uso de las nuevas tecnologías será fundamental para mejorar la planificación y la eficiencia del transporte público.

j) Actualmente, varias ciudades españolas ofrecen la posibilidad de compartir coches eléctricos cualquier día de la semana.

k) Para minimizar los efectos de la circulación urbana, existen, en muchas ciudades, zonas de aparcamiento cercanas al centro urbano.

l) Los fabricantes de coches ya tienen modelos competitivos en el mercado de vehículos autónomos y electrificados.

a)	b)	c)	d)	e)	f)	g)	h)	i)	j)	k)	l)

Preparación Diploma de Español (Nivel C1)

CIENCIA, TECNOLOGÍA Y TRANSPORTES

Comprensión auditiva y uso de la lengua

TAREA 2

A continuación escuchará cuatro conversaciones. Oirá cada una dos veces. Después, seleccione la opción correcta, a), b) o c), para cada pregunta, 7-14.

Preguntas

Conversación 1

7. La mujer que llama:
   a) Solicita información sobre nuevas conexiones a Internet.
   b) Se va a mudar de casa.
   c) Quiere dar de baja la línea telefónica.

8. El empleado le dice a la mujer que:
   a) Le van a hacer ofertas por teléfono.
   b) Puede hacer la gestión solo personándose en Televix.
   c) Resulta complicado darse de baja por teléfono.

Conversación 2

9. El hombre:
   a) Está muy satisfecho con los transportes públicos.
   b) Cree que el BRT es mejor que el metro.
   c) Es un fan de los tranvías.

10. La mujer:
   a) Cree que el metro no es lo mejor para Buenos Aires.
   b) Anima al hombre a participar en un foro.
   c) Piensa que el sistema de buses de Curitiba funcionaría en Buenos Aires.

Conversación 3

11. La mujer declara que:
   a) Resulta imposible no contaminar cuando se reside en una ciudad.
   b) No se plantea si sus acciones afectan al medioambiente.
   c) Tiene bastante conciencia y siempre que puede recicla para reducir el impacto.

12. ¿A quién culpa la mujer de la contaminación?
   a) A las fábricas que hay en las ciudades.
   b) A la desaparición de las tribus indígenas.
   c) A las personas.

Conversación 4

13. Según la empleada, el tiempo de circulación de un vehículo:
   a) Es mayor si son vehículos históricos.
   b) Tiene excepciones en caso de donación.
   c) Es ilimitado.

14. El coche del que se habla:
   a) No ha pertenecido a nadie relevante.
   b) Supera el límite de tiempo para ser considerado histórico.
   c) Puede ser declarado vehículo de colección, pero es caro.

CIENCIA, TECNOLOGÍA Y TRANSPORTES
Comprensión auditiva y uso de la lengua

TAREA 3

A continuación escuchará una entrevista sobre el transporte en Santiago. La oirá dos veces. Después, seleccione la opción correcta, a), b) o c), para cada pregunta, 15-20.

Preguntas

15. El entrevistado opina que el metro en Santiago:
   a) No es posible.
   b) Roba el espacio a las autopistas.
   c) Debería ser ampliado.

16. Sobre el uso de la bicicleta en Santiago, Louis comenta que:
   a) Es del 20 %.
   b) No puede ser importante.
   c) Se debe favorecer.

17. Según Louis, fuera de Santiago:
   a) Los pueblos no están bien comunicados.
   b) Los taxis no son efectivos.
   c) El transporte público es inexistente.

18. El señor De Grange opina que las autopistas urbanas:
   a) Tienen un buen diseño local.
   b) Son incompatibles con el tráfico local.
   c) Permiten a Santiago funcionar bien.

19. Para Louis, el Vespucio Oriente:
   a) Puede hacerse solo como modalidad subterránea.
   b) No cuenta con su apoyo.
   c) Plantea problemas.

20. Sobre la planificación en Chile, Louis cree que:
   a) Lo más importante es la información.
   b) Hay que recuperar los antiguos métodos.
   c) Se deben suprimir las antiguas bases de datos.

Preparación Diploma de Español (Nivel C1)

CIENCIA, TECNOLOGÍA Y TRANSPORTES
Comprensión auditiva y uso de la lengua

TAREA 4

Usted va a escuchar diez breves diálogos. Escuchará cada uno dos veces. Después, seleccione la opción correcta, a), b) o c), para cada pregunta, 21-30.

Preguntas

Diálogo 1
21. Juan opina que la computadora de Julio es:
- a) Estupenda.
- b) Del montón.
- c) De escasa calidad.

Diálogo 2
22. La reacción de María al oír la conferencia fue:
- a) Indiferente.
- b) Positiva.
- c) Despectiva.

Diálogo 3
23. La primera persona muestra hacia el libro:
- a) Interés.
- b) Indiferencia.
- c) Escepticismo.

Diálogo 4
24. Al oír a Julio, su amigo:
- a) Hace un comentario irónico.
- b) Se enfada.
- c) Se siente deprimido.

Diálogo 5
25. Julia, con su respuesta, expresa que:
- a) Está de acuerdo.
- b) Está satisfecha.
- c) Le da igual.

Diálogo 6
26. La actitud de Luis es de:
- a) Preocupación.
- b) Crítica.
- c) Comprensión.

Diálogo 7
27. La primera persona expresa:
- a) Censura.
- b) Impasibilidad.
- c) Compasión.

Diálogo 8
28. La respuesta denota:
- a) Preocupación.
- b) Duda.
- c) Optimismo.

Diálogo 9
29. Matilde, con su respuesta, muestra que:
- a) No le ha gustado la ponencia.
- b) Era difícil entender al ponente.
- c) La ponencia le ha encantado.

Diálogo 10
30. Pilar se encuentra en una situación:
- a) De gran preocupación.
- b) Exasperante.
- c) De incomunicación.

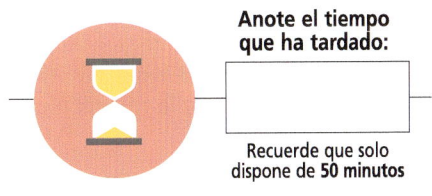

Anote el tiempo que ha tardado:

Recuerde que solo dispone de **50 minutos**

examen 4

PRUEBA 3 — Expresión, mediación e interacción escritas

Tiempo disponible para las 2 tareas. 80 min

TAREA 1

A continuación escuchará la primera parte de un informe sobre la relación entre el lenguaje y la tecnología. La escuchará dos veces y podrá tomar notas. Después, redacte un artículo de opinión (220-250 palabras) sobre ese tema en el que deberá:

- Hacer una introducción sobre el tema.
- Resumir los puntos principales de la conferencia.
- Opinar sobre la propuesta y valorar sus efectos en la sociedad actual.

TAREA 2

Elija una de las siguientes opciones* y redacte un texto formal (220-250 palabras) según las indicaciones que se le dan en cada opción.

Opción 1

Usted acaba de mudarse y había solicitado el traslado de su línea telefónica y conexión a Internet a la nueva casa, ya que su compañía le ofrecía esa posibilidad. Necesitaba hacer el traslado con urgencia, porque trabaja desde casa. La compañía le había asegurado que en el plazo de una semana el traslado sería efectivo y todo funcionaría; sin embargo, ya han pasado tres semanas y solo funciona la línea telefónica, pero no la conexión a Internet. Ha llamado repetidamente al servicio de atención al cliente y le han dado diferentes excusas. Escriba un correo electrónico a su compañía. En él deberá:

- Explicar los problemas que ha tenido con el traslado.
- Describir las excusas que le han dado en el servicio de atención al cliente sobre el mal funcionamiento de la conexión a Internet.
- Solicitar la suspensión del contrato con la compañía.
- Reclamar una compensación por daños y perjuicios.
- Manifestar su intención de presentar una denuncia formal contra la compañía, si no le cancelan el contrato.

¿Te vas a cambiar de casa? ¿Quieres **trasladar tu línea y tu fibra** sin problemas?
¿Deseas seguir teniendo el mismo número de teléfono?

Entonces, **llámanos al teléfono de atención al cliente (1004)** para solicitar este servicio.

Puedes trasladar gratis la línea de fijo y mantener el mismo número llamando al 1004. En cuanto a la conexión a Internet, lo primero será comprobar la cobertura en tu nuevo domicilio. Sigue leyendo para saber más.

Preparación Diploma de Español (Nivel C1)

CIENCIA, TECNOLOGÍA Y TRANSPORTES
Expresión, mediación e interacción escritas

Opción 2

Usted colabora habitualmente en la revista de la asociación de vecinos de su distrito. Para el próximo número le han pedido que escriba un artículo sobre la situación del transporte público en su barrio.

En el artículo deberá:

- Describir brevemente los medios de transporte actuales.
- Explicar las deficiencias de los servicios en algunas líneas.
- Enumerar los problemas que crean estas deficiencias y dar ejemplos concretos a partir del plano proporcionado.
- Proponer posibles soluciones incrementando los servicios en algunos puntos.

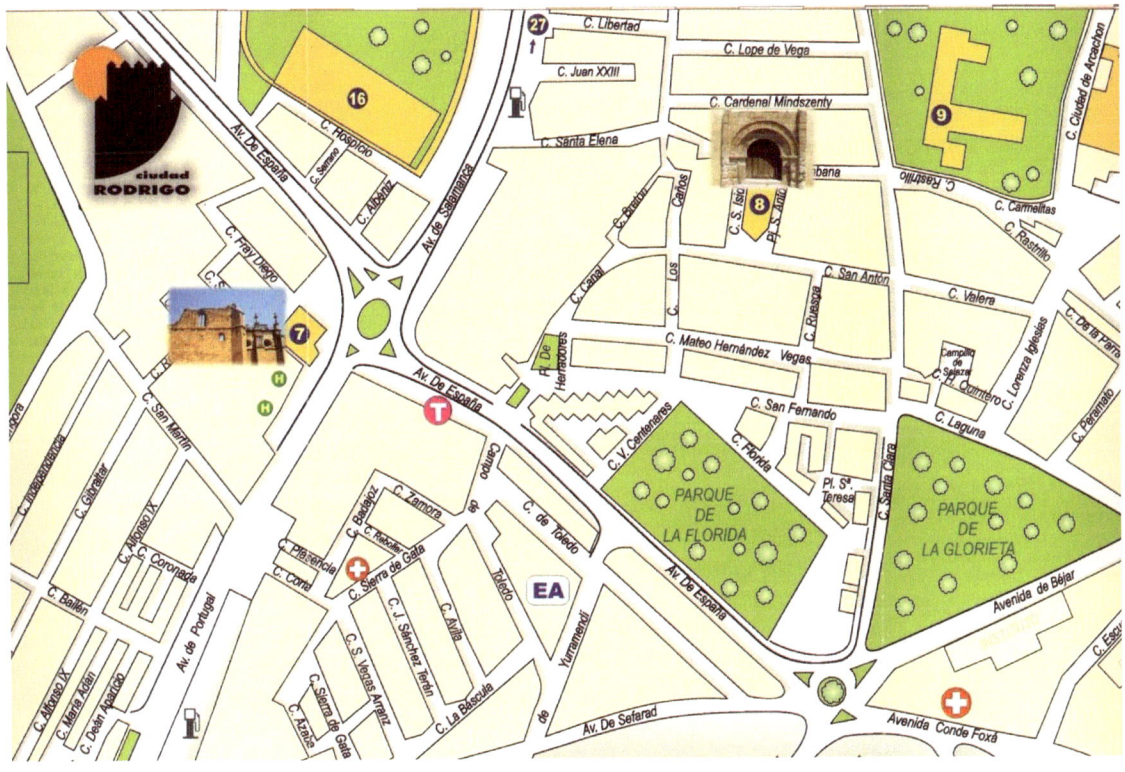

* Nota: por cuestión de espacio, se ha invertido el orden de las opciones. En el original aparece primero la opción 2 (que sería la 1).

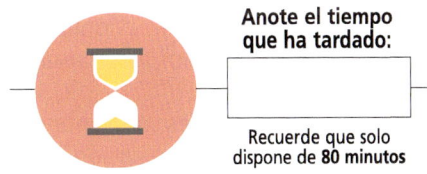

Anote el tiempo que ha tardado:

Recuerde que solo dispone de **80 minutos**

examen 4

PRUEBA 4 — Expresión, mediación e interacción orales

 **Tiempo disponible para las 3 tareas.**

 **Tiempo de preparación.**

TAREA 1

EXPOSICIÓN ORAL

Usted debe hacer una exposición oral (3-5 minutos) sobre el tema del siguiente texto. Durante la lectura puede tomar notas y consultarlas, pero no hacer una lectura de estas.

En su exposición debe:

- Resumir los puntos principales del texto.
- Valorar el texto (interés, novedad, intención del autor, lógica de los argumentos, etc.).
- Opinar sobre el tema.

Cambio climático y desastres naturales

El cambio climático es uno de los mayores retos a los que se enfrenta la humanidad. No es únicamente un problema medioambiental, sino global, que amenaza la habitabilidad y la supervivencia de este planeta tal como lo conocemos. Tampoco es una predicción futura, sino que ya está ocurriendo. Estas dos ideas se concretan en uno de los efectos más temibles del cambio climático: el aumento de las catástrofes naturales, que afectan a la gente y que ya podemos sentir. El 24 de octubre se celebra el Día Internacional de la Lucha contra el Cambio Climático, una lucha que debe realizarse todos los días del año, pero se utiliza esta jornada para visibilizar aún más la necesidad de ponerle remedio a esta crisis.

El cambio del clima que experimentamos es una consecuencia del calentamiento global. Una mayor cantidad de gases de efecto invernadero provoca que más cantidad de radiación se quede atrapada en el sistema climático, aumentando su temperatura y cambiando algunos patrones. En otras palabras, estamos aportando mayor cantidad de energía al sistema climático y se está comportando de forma diferente a como lo hacía antes. Podríamos escribir varios libros sobre este problema, pero hoy nos vamos a centrar en cómo afecta esta crisis a los desastres naturales.

Olas de calor más intensas y duraderas. Es algo que tal vez nos pueda resultar fácil de pensar, ya que, con temperaturas globales más altas, es más fácil tener episodios de calor fuera de lo normal. ¿Significa esto que no vamos a tener episodios fríos? No. Continuaremos teniéndolos, pero serán menos frecuentes que los cálidos.

Precipitaciones más abundantes. Podríamos pensar que un planeta más cálido trae consigo una desertización generalizada, pero la realidad es que no. El cambio climático

CIENCIA, TECNOLOGÍA Y TRANSPORTES
Expresión, mediación e interacción orales

hará que en los lugares donde habitualmente llueve, las precipitaciones sean aún más abundantes, y lo mismo sucederá en las zonas secas, lo serán más. Esto se debe, principalmente, a que la temperatura del mar y de la atmósfera está aumentando y, al aumentar, ocurre lo siguiente: un océano o un mar más cálido aporta más agua a la atmósfera, pero no solo eso, además, le proporciona energía. Por otro lado, la atmósfera retiene más vapor de agua cuanto más caliente está, por lo que se juntan dos factores que facilitan que las lluvias puedan ser más abundantes si se dan las condiciones para que esa agua caiga (es lo que ocurre, por ejemplo, en los trópicos donde tenemos las grandes selvas).

Pensemos por un momento en el caso de España, ¿qué ocurrirá con la lluvia? Este país tiende a ser más seco con el cambio climático pero, atención, porque eso no significa que vayamos a olvidarnos de las lluvias torrenciales. De hecho, por lo que hemos explicado antes, si se dan unas condiciones atmosféricas determinadas que provocan lluvias y, a la vez, tenemos un mar Mediterráneo más cálido (por ejemplo), favorecemos que algunos episodios de lluvias en determinadas zonas puedan ser más abundantes y catastróficas.

Más incendios forestales. Tal como hemos comentado, algunos lugares tenderán a ser más secos, y los episodios de calor podrán ser más frecuentes e intensos, unas condiciones que favorecen las situaciones de incendios forestales en algunas zonas y de que aumente el periodo en el que se pueden producir.

Aumento del nivel del mar. Uno de los efectos más conocidos del cambio climático es la subida del nivel del mar. Seguramente lo primero que se nos viene a la cabeza con este fenómeno es la inundación de lugares con baja altitud, pero, además, debemos tener en cuenta que, con más volumen de agua en el mar, también disponemos de más cantidad para mover en caso de temporales. Es decir, los temporales marítimos afectarán a más zonas (porque hay agua suficiente que puede llegar hasta ahí) y serán más virulentos en los lugares donde ya tienen alto impacto.

Ante esta perspectiva, qué podemos hacer. El cambio climático es un problema de escala global con soluciones locales. Esto significa que desde casa podemos aportar nuestro granito de arena (que, aunque nos parezca mentira, puede significar mucho). Además de las famosas «3 erres» (reciclar, reutilizar, reducir), existen diversas formas de disminuir nuestra huella en el medio. Por ejemplo, minimizar las acciones que conllevan grandes emisiones de CO^2 a la atmósfera, como reducir el uso del coche y el de la energía apagando todos los aparatos cuando no los utilicemos, apostar por electrodomésticos de bajo consumo, etc. Nuestras decisiones del día a día pueden tener impactos a gran escala, como consumir productos de temporada o de proximidad. Esto, entre otras muchas acciones.

No podemos prevenir los desastres, y el cambio climático los convierte en una amenaza inminente, pero juntos podemos reducir sus impactos, especialmente para las personas más pobres y vulnerables.

Adaptado de www.rtve.es

CIENCIA, TECNOLOGÍA Y TRANSPORTES
Expresión, mediación e interacción orales

TAREA 2

ENTREVISTA SOBRE UN TEMA

Usted debe mantener una conversación con el entrevistador (4-6 minutos) sobre el tema del texto de la Tarea 1. En la conversación, usted debe:

- Dar su opinión sobre el tema.
- Justificar su opinión con argumentos.
- Rebatir, si procede, las opiniones que exprese su interlocutor.

Modelo de conversación

1. Opinión del candidato y justificación.
¿Cuál es su opinión respecto a este tema? ¿Podría comentarla?

2. Ampliación del tema por parte del examinador (ejemplos).
- El cambio climático es un problema global que amenaza la habitabilidad y la supervivencia de este planeta. ¿Qué otras amenazas cree que hacen peligrar la supervivencia del planeta?
- ¿Cómo se explica la relación entre el calentamiento global y el cambio climático en el texto?
- Según el texto, las olas de calor serán más intensas y durarán más. ¿Cree que esto ya se está dando? ¿Pasará lo mismo con las bajas temperaturas?
- ¿Cómo se explica, según lo que ha leído, que las precipitaciones puedan aumentar en algunos lugares debido al cambio climático?
- ¿Cuáles son los factores mencionados en el texto que contribuyen a que las lluvias sean más abundantes en ciertas áreas? ¿Podría ser que esta situación cambiase a corto plazo? ¿Cómo?
- ¿Cómo cree que el cambio en los patrones de precipitación afectaría a las regiones que ya son secas?
- Tanto las sequías como las olas de calor frecuentes e intensas favorecen las situaciones de incendios forestales. ¿Piensa que esto se podría paliar de alguna manera? ¿Qué medidas se podrían implementar para evitar en lo posible estas situaciones?
- ¿Qué acciones o medidas cree que podrían tomarse para abordar los efectos del cambio climático en los desastres naturales, según lo que ha leído?
- ¿Qué le sorprendió o llamó la atención del texto sobre el cambio climático y sus efectos?
- ¿Cuál es su opinión sobre la importancia de abordar este problema global después de leer este texto?
- ¿Tiene alguna experiencia personal relacionada con desastres naturales o cambio climático que le gustaría compartir o relacionar con el texto?

CIENCIA, TECNOLOGÍA Y TRANSPORTES
Expresión, mediación e interacción orales

TAREA 3

CONVERSACIÓN INFORMAL: NEGOCIACIÓN

Usted asiste a una clase de Ciencias de la Tierra y Medioambiente. El profesor le ha propuesto para elegir el medio de transporte más conveniente para la humanidad, según estos criterios:

- Utilidad e impacto medioambiental.
- Ahorro energético.
- Eficacia.
- Comodidad.

Aquí tiene los cuatro medios de transporte. ¿Cuál sería el más adecuado? Discuta su elección con el entrevistador (4-6 minutos) hasta llegar a un acuerdo. Recuerde que puede interrumpirle, pedir y dar aclaraciones, argumentar, etc.

Sugerencias para la expresión e interacción orales y escritas

Reclamar
- *Por todo ello exijo que den inmediatamente de baja…*
- *Si no me ofrecen una compensación me veré obligado a…*
- *Reclamo una compensación por daños y perjuicios, ya que su compañía…*

Quejarse
- *Considero del todo injustificado el retraso de su compañía en atender mi petición.*
- *Los responsables de atención al cliente de su compañía no me han dado ninguna respuesta efectiva.*

Proponer soluciones
- *Pienso que la mejor solución es…*
- *Lo mejor y más aconsejable, en estas circunstancias, es…*

Pedir aclaraciones
- *¿Quiere decir que…?*
- *No sé si lo he entendido/comprendido bien, pero…*
- *¿Le importaría aclararme eso/lo de que…?*

Advertir
- *En (el) caso de no obtener una respuesta satisfactoria…*
  - *… me veré obligado a… / no tendré más remedio que…*
  - *… no me quedará otra salida que…*
  - *… tomaré/emprenderé las medidas necesarias para…*

examen 5

MANIFESTACIONES ARTÍSTICAS

Modelo de examen 5

vocabulario

FICHA DE AYUDA
Para la expresión e interacción escritas y orales

LAS ARTES
- Arquitectura (la)
- Artes (las)
- - decorativas
- - escénicas
- - gráficas
- - plásticas
- - visuales
- Baile (el)
- Bellas Artes (las)
- Cerámica (la)
- Cine o séptimo arte (el)
- Dibujo (el)
- Escultura (la)
- Fotografía (la)
- Grabado (el)
- Literatura (la)
- Música (la)
- Orfebrería (la)
- Teatro (el)

LUGARES
- Auditorio (el)
- Bastidores (los)
- Conservatorio (el)
- Escenario (el)
- Escuela de Bellas Artes (la)
- Galería (la)
- Pinacoteca (la)
- Tablas (las)

VERBOS
- Alabar
- Coleccionar
- Elogiar
- Esculpir
- Inspirarse
- Interpretar
- Proyectar

EXPRESIONES
- Costar un riñón
- Echar flores
- Montar una escena
- No pintar nada
- Ponerse flamenco
- Sudar tinta
- Tener tablas
- Tener madera
- Ver las estrellas

PERSONAS
- Bailaor/-a (el/la)
- Bailarín/-a (el/la)
- Ceramista (el/la)
- Cineasta (el/la)
- Coleccionista (el/la)
- Compositor/-a (el/la)
- Coreógrafo/a (el/la)
- Crítico (el)
- Dibujante (el/la)
- Escultor/-a (el/la)
- Galerista (el/la)
- Grabador (el)
- Literato/a (el/la)
- Marchante (el/la)
- Mecenas (el/la)
- Orfebre (el/la)
- Representante (el/la)
- Soprano (el/la)
- Tenor (el)

VARIOS
- Armonía (la)
- Balada (la)
- Belleza (la)
- Bienal (la)
- Compás (el)
- Coro (el)
- Creatividad (la)
- Cuarteto (el)
- Dúo (el)
- Espectáculo (el)
- Estética (la)
- Expresión (la)
- Figura (la)
- Gala (la)
- Gira (la)
- Inspiración (la)
- Instrumento (el)
- - de cuerda
- - de percusión
- - de viento
- Interpretación (la)
- Proyección (la)
- Recital (el)
- Ritmo (el)
- Simbología (la)
- Solista (el/la)
- Sonata (la)
- Subasta (la)
- Talento (el)

Preparación Diploma de Español (Nivel C1)

examen 5

PRUEBA 1  **Comprensión de lectura y uso de la lengua**

 Tiempo disponible para las 5 tareas.

TAREA 1

A continuación va a leer un texto sobre la preparación del actor. Elija la opción correcta, a), b) o c), para cada una de las preguntas, 1-6.

PASOS PARA PREPARAR CUALQUIER ESCENA

Aunque a la hora de preparar una escena cada actor tiene sus propias técnicas y lo hace del modo que mejor le resulta, la manera de analizarla acaba resultando muy parecida para todos. Los pasos, al fin y al cabo, suelen ser casi siempre los mismos. Independientemente del tipo de escena que tengas que preparar, te recordamos por dónde empezar para que llegues a hacer una interpretación extraordinaria.

1. El tono en la escena o en la producción
Dependiendo de qué tipo de papel tengas que preparar, se te indicará o no el tono que se busca. Por ejemplo, si vas a hacer una película, un cortometraje o una obra de teatro, el director te orientará explicándote hacia dónde desea encaminar el proyecto y, si no es así, deberías preguntárselo cuanto antes.

Sin embargo, en otros casos, puedes ser tú quien encuentre el tono fácilmente: si participas en un capítulo de una serie de TV, te será fácil captar la idea viendo algún otro capítulo o, si es para un *casting* de publicidad, podrás tomar como referencia otros anuncios de la marca. Sin embargo, hay ocasiones, como en la mayoría de las pruebas de *casting*, en las que no tendrás el modo de saber qué tono quieren y, por tanto, deberás pensarlo y proponerlo tú a través de tu interpretación. Aun así, ¡debes estar preparado para adaptarte si el director te indica que quiere algo completamente diferente!

2. De dónde viene y hacia dónde va la escena
Aunque parezca una tontería, es fundamental que conozcas el contexto de tu escena. Muchas empiezan a mitad de una conversación o de una acción, y tu personaje deberá estar conectado física y emocionalmente con ese espacio y tiempo anteriores. Igual que si tu escena empieza de una manera y acaba de otra. Puede que comience muy positiva y termine triste, o que empiece lenta y acabe en un momento de mucha exaltación. La trama evoluciona y los diferentes momentos que existen entre esos puntos del principio y del final son los que dan dimensión a la escena, y en los que te basarás para encontrar tu arco interpretativo.

3. Qué mueve a tu personaje
A no ser que el guion sea extremadamente malo, siempre existirá un conflicto, que es lo que llevará al personaje a hacer lo que hace, a querer lo que quiere y a emprender su camino a lo largo de la historia. Ese conflicto hace que tu personaje tenga un motivo para tomar acción, le genera un objetivo. ¿Sabrías reconocer, por tanto, el objetivo que tiene tu personaje en cada escena? Escríbelo muy claro en las notas de tu guion para recordártelo constantemente y nunca perder el foco de lo que le mueve. En definitiva, la intención de tu personaje es algo que deberás tener siempre presente: qué es lo que quiere conseguir y cuáles son sus obstáculos.

4. El subtexto
A la hora de interpretar una misma escena, unos actores destacan siempre más que otros. ¿A qué se debe este fenómeno? No solo se ha de interpretar el texto de una manera creíble, sino interesante, encontrar todo aquello que hace al personaje diferente y especial, y para ello hay que analizar todo lo que se dice entre líneas. Los buenos actores saben esto bien, y por eso consiguen darle a su personaje una profundidad de la que otros no son capaces.

Debemos comprender los comportamientos de nuestro personaje, su punto de vista, lo que piensa en su interior, lo que siente y lo que esconde. Por eso, para muchas películas, series u obras de teatro, los actores pasan semanas estudiando a su personaje en profundidad. Por ejemplo, si obtienen el papel de una figura histórica o de la vida real, se documentan, leen bibliografías, estudian sus movimientos y sus tics, su manera de pensar, analizan su pasado para entender su psicología…, es decir, lo examinan todo.

MANIFESTACIONES ARTÍSTICAS
Comprensión de lectura y uso de la lengua

Una excelente interpretación refleja el subtexto todo el tiempo, y eso el público y la cámara lo notan. Pero no creas que, porque un personaje sea de ficción, no debes trabajarlo con el mismo empeño. ¡Todo lo contrario!

5. Las palabras y el texto

Estudiarte un guion no significa solo memorizarlo. Es leerlo y releerlo, es entenderlo, es buscar todas sus dimensiones, las que se ven a simple vista y las que no. Has de asegurarte de que entiendes todo al 100 %, y tener muy claro cómo suenan y fluyen las frases y cuáles son las palabras clave. Porque, ser actor, además, implica ser capaz de interpretar cualquier guion con emoción.

Como ves, preparar una escena requiere un gran trabajo. Si no la entiendes en profundidad, no estarás al mismo nivel que el director o que los otros actores del reparto.

Adaptado de www.premiereactors.com

Preguntas

1. El texto afirma que el actor:
   a) Siempre ha de seguir, orientativamente, las indicaciones del director.
   b) Debería pedir consejo al director si este no le ha dado indicaciones.
   c) Puede conocer bien el tono esperado al haber participado en el *casting*.

2. Según el texto, para actuar bien en una escena:
   a) Se debe conocer bien el argumento de esta y la evolución de la trama.
   b) Es importante que el inicio y el final sean diferentes para darle dimensión.
   c) No es vital la conexión física y emocional con las escenas anteriores.

3. El objetivo que tiene un personaje para obrar:
   a) Hará que aparezca un conflicto al final de la historia.
   b) Es algo que el actor debe recordar en cada escena.
   c) Estará anotado en el guion para que el actor no lo pierda.

4. Según el texto, los buenos actores:
   a) Saben analizar muy bien todas las líneas del texto.
   b) Destacan por interpretar personajes exclusivos.
   c) Consiguen dotar de realidad a sus personajes.

5. De acuerdo con el texto, el actor:
   a) Tiene que entender cómo son y cómo piensan sus personajes.
   b) Debe conocer en detalle la vida de los personajes históricos.
   c) No debe tratar igual a los personajes de ficción y a los reales.

6. En el texto se afirma que:
   a) El mensaje de un guion, en general, se aprecia a simple vista.
   b) No todos los directores comprenden la emoción de un guion.
   c) Es fundamental entender por completo el contenido de un guion.

MANIFESTACIONES ARTÍSTICAS
Comprensión de lectura y uso de la lengua

TAREA 2

A continuación va a leer un texto del que se han extraído seis fragmentos. Después, lea los siete fragmentos, a)-g), y decida en qué lugar del texto, 7-12, va cada uno. Hay un fragmento que no tiene que elegir.

Finalidad del arte

La función del arte ha cambiado al cambiar la sociedad. Todo arte está condicionado por el tiempo y representa la humanidad en la medida en que corresponde a las ideas y aspiraciones, a las necesidades y esperanzas de una situación histórica particular.

El arte, en sus orígenes, estuvo ligado a la magia. **7.** _____. La sociedad primitiva era una forma de colectivismo muy acusado. Lo más terrible era ser expulsado de la colectividad, quedarse solo. El alejamiento del grupo o tribu significaba, para el individuo, la muerte. El colectivo significaba la vida, era lo que daba sentido a esta. **8.** _____. La necesidad de creación de un mundo superpuesto a la misma naturaleza es el origen de la necesidad humana de expresarse artísticamente.

En nuestra época, el capitalismo ha mercantilizado la obra de arte, ha aislado al arte y al artista de la comunidad, y ha impedido el cumplimiento de su función social. La moda del arte y fetichismo nos están haciendo olvidar que hay una alienación especulativa o política. **9.** _____.

Pero ¿por qué ese abismo entre arte y sociedad? El capitalismo ha hecho que el arte pierda el carácter público que tenía en otras épocas, y lo ha transformado en mercancía de consumo individual, donde el valor del cambio es más importante que su valor estético. **10.** _____.

Lo que más daño hace a los problemas de la deshumanización de las artes es la aparición de una industria de las diversiones, con inmensas masas de consumidores del arte. **11.** _____.

Un arte que ignore vanidosamente las necesidades de las masas y se alabe de ser comprendido únicamente por una selecta minoría abre de par en par las puertas a todos los residuos producidos por las industrias de la diversión. **12.** _____. La cultura debe ser un hecho colectivo, inmerso en la vida cotidiana y que se expresa en estilos de vida, modos de pensar y actuar. Cuando el artista descubre realidades nuevas, no lo hace solo para él, lo hace también para los demás, para todos los que quieren saber en qué mundo viven, de dónde vienen y a dónde vamos.

El arte debe formar parte activa y expresiva de la realidad total, ser verdaderamente significativo para las masas y reasumir la funcionalidad social que le es inherente y tuvo en otras épocas.

Adaptado de www.solidaridad.net

MANIFESTACIONES ARTÍSTICAS
Comprensión de lectura y uso de la lengua

Fragmentos

a) Solo tenemos que fijarnos un poco en las larguísimas colas que se producen para ver exposiciones de arte que quizá llevaban media vida en esa misma ciudad, pero que ha hecho falta que alguna entidad privada (hoy en día, la mayoría de las exposiciones están patrocinadas por bancos o cajas de ahorros) o algún alcalde les haya dado más publicidad para su propio beneficio.

b) La cultura no debe ser creada por una élite iluminada y superior, en la que el pueblo solo participa como receptor.

c) El arte, en todas sus formas (lenguaje, danza, cantos rítmicos, ceremonias mágicas), era la actividad social por excelencia, una actividad en la que todos participaban y que elevaba a todos los hombres por encima del mundo natural y animal.

d) El arte se ha convertido en una actividad separada de la vida, su desaparición implica la desaparición de las causas que determinaron su necesidad para el hombre, y puede significar la incautación humana de la naturaleza.

e) El arte es una forma de expresión que va cambiando con el tiempo y con la historia a la que pertenece y a la que representa.

f) En los principios de la humanidad tenía muy poco que ver con la belleza y nada en absoluto con el deseo estético, era un instrumento mágico o un arma del colectivo en la lucha por la supervivencia.

g) Es un mercado consumidor económicamente poderoso y manipulado por intereses comerciales que necesita renovar la oferta, inventando modas transitorias que desnaturalizan la creación estética y su función social.

MANIFESTACIONES ARTÍSTICAS
Comprensión de lectura y uso de la lengua

TAREA 3

A continuación va a leer un texto sobre la historia de la danza. Después, elija la opción correcta, a), b) o c), para las preguntas, 13-18.

Historia de la danza

La historia de la danza está íntimamente relacionada con la necesidad de comunicación del ser humano, y sus orígenes se remontan a los de nuestra especie (es probable que el impulso natural de bailar haya existido ya en los primeros primates antes de evolucionar en humanos). Lo que sí sabemos es que, desde tiempos inmemoriales, el baile ha sido una parte integral de ceremonias, rituales, celebraciones y entretenimiento, arraigado en las sociedades humanas desde el inicio de la civilización.

Las evidencias arqueológicas nos proporcionan rastros de danzas ya en la época prehistórica, como las pinturas encontradas en algunos refugios rocosos de Bhimbetka (India), con más de 10 000 años de antigüedad, o como las de algunas tumbas egipcias que datan del año 3300 a. C., que representan figuras danzantes, lo que indica la presencia temprana y significativa del baile en la historia de la humanidad.

Los primeros movimientos rítmicos al son de la percusión, en aquellas incipientes sociedades humanas, desempeñaron un papel fundamental al celebrar rituales y tradiciones, transmitiendo su legado de generación en generación. A través de la ritualización de las danzas en eventos como nacimientos, bodas, defunciones, guerras y para honrar la fertilidad de la tierra y la mujer, se otorgó un carácter espiritual al baile que perduraría en el tiempo. La danza no solo era un medio para expresar emociones y celebrar la vida, sino que también desempeñaba un papel crucial en la conexión con lo divino y lo sagrado, estableciendo así un vínculo entre lo terrenal y lo espiritual.

La historia de esta manifestación artística prosigue con la danza antigua, y es en este periodo cuando comenzamos a encontrar testimonios escritos, esculturas y pinturas que representan los bailes de aquellos tiempos. En las civilizaciones griega y romana se estableció una distinción entre la danza como expresión popular o folclórica, y la danza como un arte en sí mismo. Fue en la antigua Grecia donde adquirió el estatus de arte, y se le atribuyó una musa en particular: Terpsícore. Durante este periodo, el baile no solo tenía una connotación popular, sino también artística. De hecho, es ahora cuando aparece por primera vez en el teatro en géneros como la comedia y la tragedia.

En la Edad Media no experimentó una significativa evolución desde una perspectiva artística, porque fue considerada como un rito pagano y la Iglesia se encargó de marginarla del resto de las artes. Como resultado, existen pocos escritos o registros sobre la danza en esta época, dado que solamente era practicada por el pueblo llano.

Con el tiempo, los bailes religiosos que solían tener un lugar destacado en la vida de la gente comenzaron a desaparecer, cediendo espacio a nuevas formas de danza que se desarrollaron fuera del ámbito eclesiástico. No obstante, a pesar de la marginación y condenación por parte de la Iglesia, fue evolucionando para adaptarse a los cambios sociales y culturales de la época. Ni las más estrictas normas pueden detener el impulso natural de bailar del ser humano.

MANIFESTACIONES ARTÍSTICAS
Comprensión de lectura y uso de la lengua

No fue hasta el Renacimiento cuando se produjo la verdadera revitalización de la historia de este arte. Es ahora cuando hay un resurgimiento del interés por el ser humano y sus capacidades, superando en cierta medida la predominancia de la religión. La historia de la danza se desarrolló en paralelo a la historia de la música. En Francia surgieron los *ballets* cómicos, representaciones danzadas de mitos clásicos. Durante el Barroco continuó evolucionando y el *ballet* de la corte permitió desarrollar la música instrumental para que se adaptara mejor al baile. En este sentido, Luis XIV desempeñó un papel fundamental en la transformación de la danza en un gran espectáculo y creó la Academia Real de Danza en 1661.

El periodo desde finales del siglo XIX se caracterizó por el liderazgo del *ballet* ruso, hasta que después de la Segunda Guerra Mundial surgieron dos escuelas de danza que han definido estilos y estéticas diferenciados: la Escuela Europea y la Escuela Americana. Paralelamente, también se desarrollaron los bailes de salón modernos.

Adaptado de www.dancemotion.es

Preguntas

13. El texto hace una hipótesis sobre:
   a) La necesidad vital del hombre de comunicarse.
   b) Los orígenes de la existencia de la danza.
   c) La importancia del baile en los ritos funerarios.

14. Entre las representaciones más antiguas de danzas destacan:
   a) Las indias.
   b) Las egipcias.
   c) Las griegas.

15. Según el texto, las primeras danzas:
   a) Tuvieron continuidad de padres a hijos.
   b) Han llegado hasta nuestros tiempos.
   c) Se evitaban en ceremonias religiosas.

16. La introducción del baile en el teatro se produjo:
   a) En algunas representaciones prehistóricas.
   b) Paralelamente en la cultura griega y romana.
   c) Ya en la época de la Grecia antigua.

17. En el texto se dice que durante la Edad Media, la danza:
   a) Tuvo escasa consideración por parte de la Iglesia.
   b) Dejó amplios testimonios de su uso por el pueblo.
   c) Trajo consigo importantes cambios sociales.

18. Según el texto, el Renacimiento supuso:
   a) El desarrollo de las capacidades artísticas.
   b) El avance de la música instrumental.
   c) La recuperación de la importancia del baile.

MANIFESTACIONES ARTÍSTICAS
Comprensión de lectura y uso de la lengua

TAREA 4

A continuación va a leer varias reseñas sobre diferentes muestras de arte. Elija el texto, a)-f), que corresponde a cada enunciado, 19-26. Hay textos que deben ser elegidos más de una vez.

a) Pintura

La imagen del cuerpo humano ha sido base, fundamento y motivo de inspiración en todas las manifestaciones artísticas, desde las escuetas y abstraídas figuras rupestres en las cuevas de Altamira y Lascaux, pasando por las regordetas venus de Dordogne y Willendorf, las hieráticas figuras egipcias, la rigidez de la estatuaria arcaica griega, la fría proyección pero perfecta del periodo clásico o heleno, el dramatismo helenístico, la distancia y frialdad del románico y el gótico, la exuberante belleza del *quattrocento* y el *cinquecento*, el misterio de los juegos de luces y sombras del Barroco, la reprimida belleza del Neoclasicismo, el exotismo del Romanticismo, la simpleza del realismo, la imprecisa imagen del impresionismo y la ruptura y proyección desbordante y onírica de los ismos y movimientos del siglo xx, es el cuerpo humano el centro de toda la individualidad del propio ser humano. Toda esa tradición pictórica la recoge Rosado Muñoz en la muestra que se presentó el mes pasado.

b) Pintura

Murakami ha desarrollado una peculiar síntesis entre arte pop americano y cultura japonesa reinventada sin jerarquías, donde la tradición antigua se funde con iconos pop, y llama a este estilo «Superflat» (Superplano), un término utilizado para describir la falta de profundidad perspéctica y, en general, la representación del espacio en la pintura oriental y esa peculiar mezcla de estilos que refleja la influencia de la cultura americana sobre la japonesa y donde el Superflat no es el sucesor auténtico del pop, sino su hijo «ilegítimo», falso e híbrido. Murakami ha sabido combinar, de forma excepcional, la creatividad occidental, la estética comercial y la tradición japonesa, desembocando en lo que algunos han denominado el «Warhol nipón».

c) Fotografía

La muestra a la que nos referimos ahora contiene la obra del fotoperiodista español Santos Yubero, *Crónica fotográfica de medio siglo de vida española 1925-1975,* una estupenda exposición que muestra medio siglo de vida española y que se presentó en Madrid hasta el 16 de enero. La muestra se encontraba dividida en dos ámbitos, «España entre dos dictaduras» y «Los días del franquismo». Se compone de 160 fotografías positivadas en distintos formatos, y alrededor de 200 en una gran proyección, entre las que había imágenes de Santos Yubero, de sus socios César y Alberto Benítez Casaux, así como de sus ayudantes, Gabriel Carvajal, Luis Milla, Ignacio Teresa y Lucio Soriano. Las fotografías, de gran calidad, contienen imágenes políticas, cotidianas, deportivas, religiosas, etc. Es decir, una perfecta crónica visual que nos muestra todos los aspectos de la historia del país.

d) Ballet

Por primera vez en treinta años, Montevideo recibía una obra clásica en su versión original. Desde la vecina ciudad de Buenos Aires llegaba a la capital de Uruguay el Ballet del Teatro Colón, que, con más de 50 bailarines en escena, presentaba el clásico *La Bella Durmiente del Bosque* en su versión completa, con todos sus actos. Una oportunidad histórica de apreciar esta obra clásica en todo su esplendor, con el mejor nivel artístico y la mayor rigurosidad técnica. Durante este esfuerzo sin precedentes de nuestro mayor escenario, pasaron por Montevideo las mejores compañías de *ballet* de la región. El Teatro Colón con su cuerpo estable estuvo presente en dos ocasiones con: *La Bella Durmiente* y *Romeo y Julieta* (septiembre).

MANIFESTACIONES ARTÍSTICAS
Comprensión de lectura y uso de la lengua

e) Escultura

Adrián Guerrero muestra sus esculturas en las que aborda los cambios en la forma de ver y entender la vida, la realidad y el arte en la sociedad actual. El propio artista nos explica que: «Conforme nos vamos transformando como sociedad a través de los tiempos va cambiando nuestra forma de ver las cosas. Nos acostumbramos a ver todo más rápido y en mayor cantidad, pareciera que cada vez estamos más preconcebidos para formar parte del sistema social, ya no es cuestión de buscar nuestro lugar, sino de simplemente adaptarnos a donde nos va tocando pertenecer. Hemos ido olvidando significados, creencias, lenguajes, esa es nuestra realidad actual. REALIDAD ES pretende ser una recopilación de algunas de estas problemáticas a través de mi lenguaje personal; en algunos casos analizo, en otros documento y en otros más hago una crítica de cómo percibo estos cambios de realidades que cada vez van con mayor velocidad».

f) Artesanía

Perú Home fue una iniciativa de la Dirección Nacional de Artesanía del Perú orientada al mercado internacional que se presentó por primera vez al mercado local. Esta exposición-venta reunía tres conceptos: el refinamiento de lo colonial, la exuberancia de la naturaleza y el colorido de nuestra vida y pasado incaico. Con esta exposición se pretendía revalorar la herencia cultural peruana recreando un estilo de vida en artículos contemporáneos para el hogar basándose en una artesanía viva de gran colorido, exquisito estilo y espíritu auténtico, que une la tradición de diversas técnicas artesanales y la habilidad de nuestros diseñadores y artesanos.

Adaptado de varias fuentes

Enunciados

19. Solo uno de estos textos hace referencia a una de las artes escénicas.   a) b) c) d) e) f)

20. En una de las exposiciones se mostraban objetos cuya finalidad era eminentemente práctica.   a) b) c) d) e) f)

21. La obra de este artista se ha visto influenciada por los diferentes estilos surgidos a lo largo de la historia.   a) b) c) d) e) f)

22. La falta de perspectiva caracteriza la obra de este artista.   a) b) c) d) e) f)

23. El artista intenta reflejar en su obra el vertiginoso ritmo de vida actual.   a) b) c) d) e) f)

24. En una de las exposiciones se exhibían muestras de una de las artes gráficas a mediados del siglo xx.   a) b) c) d) e) f)

25. La representación de la figura corporal es el eje temático de la obra de este artista.   a) b) c) d) e) f)

26. Más de medio centenar de personas colaboraron para poder llevar a cabo esta manifestación artística.   a) b) c) d) e) f)

MANIFESTACIONES ARTÍSTICAS
Comprensión de lectura y uso de la lengua

TAREA 5

A continuación va a leer un texto sobre Gaudí. Elija la opción correcta a), b) o c), para completar los huecos, 27-40.

Biografía de Gaudí

Años antes de que su arquitectura empezara a despertar el interés del mundo entero, Antoni Gaudí (1852-1926) se vio obligado a recorrer las calles de Barcelona vestido con harapos en busca de algún ____**27**____ para continuar la Sagrada Familia; sus obras fueron crudamente ridiculizadas en las revistas cómicas de la época, y algunos de sus ____**28**____ no dudaron en abandonarle, incapaces de comprender su trabajo. Sin embargo, las contradicciones por las que tuvo que pasar han quedado eclipsadas por la genialidad de su obra.

La publicación de esta biografía en catalán dará a conocer la figura de Gaudí a un público amplio. Desde la ____**29**____ del título de arquitecto hasta su muerte en un hospital de la ciudad, la vida de Gaudí se resume en una ____**30**____ cada vez más intensa a la que ____**31**____ su obra maestra, la Sagrada Familia. Y esta es, a grandes rasgos, la odisea que Josep Maria Tarragona describe mediante la concatenación de anécdotas y la dosificada descripción de los edificios ____**32**____ por la mano del arquitecto.

Con el escenario central en la Sagrada Familia y el punto de ____**33**____ en Gaudí, el texto supera la simple biografía y constituye una auténtica ____**34**____ de la Barcelona de finales del XIX y primer cuarto del XX, época dorada de la cultura y el arte de Cataluña. Las visitas de ____**35**____ como Alfonso XIII, Unamuno o Joan Maragall al templo dan pie a descubrir el verdadero significado de cada uno de los elementos de la arquitectura de Gaudí. De este modo se comprende que la extraña belleza de sus obras quede ampliamente superada por una riqueza conceptual que las convierte en indiscutible genialidad.

Tarragona construye esta biografía casi como un anecdotario, donde los episodios se suceden más o menos cronológicamente y ____**36**____ un retrato de la sociedad al estilo de los impresionistas. Esta técnica confiere al texto un dinamismo poco frecuente en los ____**37**____ biográficos y, aunque en algunos momentos pueda disminuir la claridad, sirve para plasmar la talla humana y la personalidad del arquitecto en las diferentes situaciones a las que ____**38**____ .

MANIFESTACIONES ARTÍSTICAS
Comprensión de lectura y uso de la lengua

En definitiva, el autor aprovecha aquellos ingredientes que le ____**39**____ una buena acogida para su anterior libro, *Vidal i Barraquer. De la República al Franquismo*, como son el estilo llano y cuidado, el ____**40**____ al tratar una época compleja y pasional, el respeto y la simpatía hacia el biografiado y la reconstrucción de su vida a través de una premeditada sucesión de anécdotas.

Sorprende encontrarse un retrato social tan completo en un libro de estas características.

Adaptado de www.dw.com

Opciones

27.	a) donativo	b) regalo	c) don
28.	a) mentores	b) mecenas	c) consultores
29.	a) adquisición	b) obtención	c) solicitud
30.	a) devoción	b) desgana	c) dedicación
31.	a) será	b) sea	c) había sido
32.	a) construidos	b) alzados	c) diseñados
33.	a) mira	b) vista	c) atención
34.	a) narración	b) crónica	c) relación
35.	a) personajes	b) caracteres	c) ilustraciones
36.	a) figuran	b) respaldan	c) tejen
37.	a) retratos	b) relatos	c) repositorios
38.	a) se enfrentará	b) se enfrentó	c) se hubiera enfrentado
39.	a) ganaron	b) hicieron	c) valieron
40.	a) candor	b) vigor	c) rigor

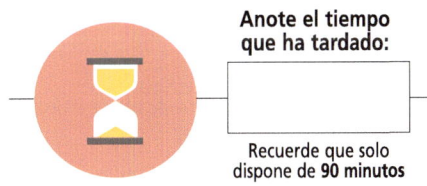

examen 5

PRUEBA 2  **Comprensión auditiva y uso de la lengua**

 **Tiempo disponible para las 4 tareas.**

TAREA 1

A continuación escuchará una conferencia sobre la música y las emociones en la que se tomaron algunas notas. La oirá dos veces. Después, elija las seis anotaciones que corresponden a esta conferencia, 1-6, entre las doce que se le ofrecen, a)-l).

Anotaciones

a) La música, para bien o para mal, influye en nuestro estado de ánimo.

b) La música se procesa de manera racional en el cerebro, a veces como espejo.

c) Al contrario de lo que sucede con la información procedente de otros sentidos, la música nos llega primero a través del inconsciente.

d) La información que recibimos a través de la vista y del tacto llegan antes al cerebro que la percibida por el oído.

e) Cuando estamos bajo una tensión emocional intensa, resulta más difícil pensar con lógica.

f) Según Pascal, hay personas que ignoran los motivos del corazón y solo piensan de forma racional.

g) El exceso de música, ya sea agradable o no, a una cierta edad puede disminuir las facultades cerebrales.

h) El hecho de escuchar música tanto agradable como desagradable ejercita ambos lóbulos del cerebro.

i) En la actualidad, los compositores eligen melodías familiares, ya que son más fáciles de escuchar.

j) Procesamos de forma racional el sonido del lenguaje, pero no ocurre lo mismo con los tonos de voz.

k) Curiosamente, la música más bella y tranquila puede producir en nosotros sentimientos de melancolía.

l) El autor concluye que tanto la música como el arte o la cultura nos pueden causar infelicidad.

a)	b)	c)	d)	e)	f)	g)	h)	i)	j)	k)	l)

MANIFESTACIONES ARTÍSTICAS
Comprensión auditiva y uso de la lengua

TAREA 2

A continuación escuchará cuatro conversaciones. Oirá cada una dos veces. Después, seleccione la opción correcta, a), b) o c), para cada pregunta, 7-14.

Preguntas

Conversación 1

7. El conservatorio de música:
   a) Solo admite alumnos que deseen convertirse en músicos profesionales.
   b) Ofrece cursos para aquellos que quieren comenzar a formarse musicalmente.
   c) Tiene talleres de lenguaje musical y canto para mayores de 16 años.

8. La mujer que telefonea:
   a) Está interesada en hacer un curso regular de nivel inicial.
   b) Quiere que su hija reciba clases particulares de canto.
   c) No tiene claro lo que va a hacer.

Conversación 2

9. La pareja acude a un estudio de fotografía para:
   a) Contratar a un profesional que haga un reportaje de la ceremonia de su boda.
   b) Pedir presupuesto de un reportaje gráfico para el día de su boda.
   c) Ser retratados durante los últimos minutos que van a vivir como solteros.

10. La oferta del estudio incluye:
   a) Un vídeo de la ceremonia y un álbum con fotos en papel.
   b) Un álbum digital y una foto de estudio de la pareja.
   c) Fotografías tanto en papel como en formato digital.

Conversación 3

11. El hombre:
   a) Desea adquirir una obra de arte.
   b) Es un coleccionista y quiere comprar obras de artistas famosos.
   c) Solo admira el arte de vanguardia.

12. La mujer:
   a) Piensa que ya hay demasiados objetos en la sala y prefiere no poner nada.
   b) Duda que un cuadro moderno vaya bien con el resto de la decoración.
   c) Se preocupa por el precio de las obras auténticas y prefiere las reproducciones.

Conversación 4

13. El chico:
   a) No sabe si estudiar Derecho o Bellas Artes.
   b) Teme la reacción de sus padres cuando les cuente sus planes.
   c) Tiene miedo de que no le admitan en Bellas Artes.

14. La chica:
   a) Piensa que Bellas Artes tiene más salidas profesionales que la abogacía.
   b) Intenta disuadir a su amigo de convertirse en artista aunque retrate bien.
   c) Cree que los estudiantes de Bellas Artes tienen una formación muy completa.

MANIFESTACIONES ARTÍSTICAS
Comprensión auditiva y uso de la lengua

TAREA 3

A continuación escuchará una entrevista con un famoso cantante de ópera. La oirá dos veces. Después, seleccione la opción correcta, a), b) o c), para cada pregunta, 15-20.

Preguntas

15. Roberto Feltri:
   a) Desde muy pequeño sabía que su objetivo era cantar ópera.
   b) Desarrolló una actividad artística diferente a la música durante una época de su vida.
   c) Al principio tenía dudas sobre si ser pianista o violinista.

16. En opinión de este barítono, la música:
   a) En las personas tiene un influjo totalmente efímero.
   b) No influye tanto en los adultos como en los niños.
   c) Es el arte que más influye en las emociones y el estado de ánimo.

17. Feltri decidió dedicarse al canto:
   a) Porque sentía que estaba capacitado para ello.
   b) Desde que vio una representación de *Rigoletto*.
   c) Porque así podía decidir qué personajes representar.

18. Los personajes que ha representado en su carrera:
   a) Siempre los ha elegido él mismo.
   b) No han sido cómicos, sino dramáticos.
   c) Hacen que se identifique tanto con ellos que casi lo llevan a la locura.

19. Según Feltri, las autoridades deberían apoyar la ópera:
   a) Como inversión para contrarrestar los efectos de una economía en crisis.
   b) Para que no solo las compañías discográficas obtengan beneficios.
   c) Para atender a una parte de la población que no se contenta con la mediocridad.

20. Según Feltri, el mayor problema para la ópera es que:
   a) No seduce a un público joven.
   b) Existe el interés de que la cultura no llegue a todos los sectores.
   c) Los grandes talentos deciden buscar futuro económico en otros países.

MANIFESTACIONES ARTÍSTICAS
Comprensión auditiva y uso de la lengua

TAREA 4

Usted va a escuchar diez breves diálogos. Escuchará cada uno dos veces. Después, seleccione la opción correcta, a), b) o c), para cada pregunta, 21-30.

Preguntas

Diálogo 1
21. Ambas personas piensan que el niño:
- a) Ha hecho un retrato de su padre.
- b) Intenta imitar a su padre.
- c) Físicamente se parece mucho a su padre.

Diálogo 2
22. Federico confiesa que su relato:
- a) Es demasiado largo.
- b) Se ha manchado de tinta.
- c) Le ha costado un gran esfuerzo.

Diálogo 3
23. Sobre el cuadro, Pilar dice que:
- a) Ha pagado mucho dinero por él.
- b) Le ha costado mucho transportarlo.
- c) Estuvo dudando si adquirirlo o no.

Diálogo 4
24. En opinión de la segunda persona, la niña:
- a) Es un poco cabezota.
- b) Tiene talento para ser bailarina.
- c) Debería hacer un poco más de ejercicio.

Diálogo 5
25. Juan cree que el cantante:
- a) Emite notas falsas y chillonas.
- b) Tiene un tono de voz demasiado agudo.
- c) Parece un gallo cuando canta.

Diálogo 6
26. Sobre las entradas, Carlos reconoce que:
- a) Las encontró de casualidad.
- b) No le fue fácil conseguirlas.
- c) Las adquirió con mucha antelación.

Diálogo 7
27. Según Ana, Jaime:
- a) Tiene una actitud chula e insolente.
- b) Escucha demasiado flamenco.
- c) Va vestido con un traje de flamenco.

Diálogo 8
28. Rosa piensa que el conferenciante:
- a) Parecía un actor.
- b) Tenía suficiente formación académica.
- c) Dominaba el tema y se desenvolvía con naturalidad ante el público.

Diálogo 9
29. El hermano de Lucía:
- a) Provoca escándalos con frecuencia.
- b) Actúa en espectáculos teatrales callejeros.
- c) Tiene una imaginación desorbitada.

Diálogo 10
30. El hombre:
- a) No está dispuesto a ir al concierto.
- b) Asistirá porque se lo recomienda Yolanda.
- c) Tiene tiempo para estar con Yolanda.

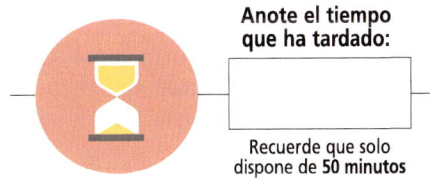

examen 5

PRUEBA 3  **Expresión, mediación e interacción escritas**

 Tiempo disponible para las 2 tareas.

TAREA 1

A continuación escuchará parte de una conferencia sobre el coleccionismo de arte. La escuchará dos veces y podrá tomar notas. Después, redacte un artículo de opinión (220-250 palabras) sobre ese tema en el que deberá:

- Hacer una introducción sobre el tema.
- Resumir los puntos principales de la conferencia.
- Opinar sobre lo que se ha comentado y valorarlo.

TAREA 2

Elija una de las siguientes opciones* y redacte un texto formal (180-220 palabras) según las indicaciones que se le dan en cada opción.

Opción 1

Usted ha leído el siguiente anuncio en Internet. Escriba un correo teniendo en cuenta la información del anuncio.

En su correo debe:

- Presentarse.
- Interesarse por algunos aspectos concretos de esta beca.
- Justificar por qué sería un candidato a optar a ella.

BECAS MILENIUM PARA ARTISTAS, CREATIVOS Y ESCRITORES

El programa de becas en la residencia Milenium se crea con el objetivo de ayudar a artistas plásticos y escritores de todo el mundo a realizar sus proyectos creativos.

- **Concepto:** Una residencia artística es un nuevo concepto al servicio de la creatividad que proporciona al artista un tiempo para crear, lejos del estrés laboral y familiar, en un entorno óptimo, y en contacto con artistas y creativos procedentes de todos los países.
- **Objetivo:** El programa pretende que los beneficiarios dediquen un tiempo a desarrollar su creatividad mientras conviven, trabajan, crean e intercambian ideas, técnicas, iniciativas, experiencias, inquietudes y conocimientos con otros colegas.
- **Candidatos:** Artistas plásticos y visuales licenciados, profesores, creativos, diseñadores, publicistas, fotógrafos, escritores, poetas, periodistas, guionistas de cine y TV, productores, directores, compositores, músicos, etc.

MANIFESTACIONES ARTÍSTICAS
Expresión, mediación e interacción escritas

Opción 2

Usted colabora en una revista de divulgación cultural y le han encargado un artículo sobre el interés de las personas por visitar museos.

En el artículo deberá:

- Hacer una introducción del tema.
- Describir la situación usando los datos proporcionados.
- Dar su valoración sobre los datos obtenidos y hacer propuestas para ampliar las visitas.

Porcentaje de personas que visitaron museos, exposiciones y galerías de arte en el último año

	TOTAL	Museos	Exposiciones	Galerías de arte
%	100	20,1	14,5	6,9
SEXO				
Hombres	100	20,8	15,2	7,7
Mujeres	100	19,5	13,9	6,1
EDAD				
De 15 a 19 años	100	22,7	16,8	8,4
De 20 a 24 años	100	29,0	21,0	10,2
De 25 a 34 años	100	24,3	18,2	8,8
De 35 a 44 años	100	24,6	16,7	7,5
De 45 a 54 años	100	21,6	16,0	7,8
De 55 a 64 años	100	20,5	14,9	6,8
De 65 a 74 años	100	13,7	10,3	4,9
De 75 años en adelante	100	5,8	3,8	1,7
SITUACIÓN PERSONAL				
Soltero en casa de sus padres	100	24,6	19,0	10,6
Soltero independiente, divorciado separado o viudo	100	19,5	14,3	6,6
Casado o en pareja				
-Sin hijos	100	19,3	12,7	6,0
-Con hijos menores de 18 años	100	23,6	16,5	6,9
-Con hijos de 18 años en adelante en casa	100	17,6	12,3	5,5
-Viviendo solos (con hijos mayores)	100	13,8	10,6	4,3
Otros	100	15,71	1,1	6,2
NIVEL DE ESTUDIOS				
Primera etapa de educación secundaria	100	12,6	9,0	3,8
Segunda etapa de educación secundaria	100	21,6	15,3	7,2
Orientación profesional	100	19,7	13,7	6,4
FP superior y similares	100	23,3	18,0	6,9
Educación universitaria y similares	100	35,4	25,7	13,4
SITUACIÓN LABORAL				
Trabajando	100	24,4	17,5	7,9
Parado	100	17,7	12,9	5,9
Jubilado o retirado del trabajo	100	11,3	7,9	3,8
Estudiante	100	27,6	20,6	11,7
Trabajo doméstico no remunerado	100	9,0	7,9	3,1
Otros	100	17,8	12,3	7,3

Adaptado de https://www.culturaydeporte.gob.es

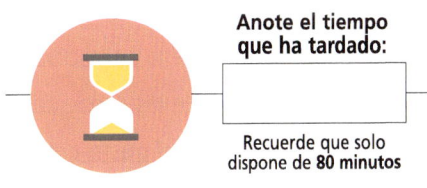

Anote el tiempo que ha tardado:

Recuerde que solo dispone de **80 minutos**

* Nota: por cuestión de espacio, se ha invertido el orden de las opciones. En el original aparece primero la opción 2 (que sería la 1).

examen 5

PRUEBA 4 — Expresión, mediación e interacción orales

 **Tiempo disponible para las 3 tareas.**

 **Tiempo de preparación.**

TAREA 1

EXPOSICIÓN ORAL

Usted debe hacer una exposición oral (3-5 minutos) sobre el tema del siguiente texto. Durante la lectura puede tomar notas y consultarlas, pero no hacer una lectura de estas.

En su exposición debe:

- Resumir los puntos principales del texto.
- Valorar el texto (interés, novedad, intención del autor, lógica de los argumentos, etc.).
- Opinar sobre el tema.

La educación artística a edades tempranas

Desde que nace, el hombre se relaciona con un ambiente estético determinado. En la familia recibe las primeras nociones sobre moral, folclore, tradiciones, etc., pero es en las instituciones donde se continúa e introducen nuevos elementos que permiten el desarrollo de un individuo estéticamente preparado para apreciar, comprender y crear la belleza en la realidad.

La educación estética se refiere en sí a la formación de una actitud ética y estética hacia todo lo que rodea al individuo. Un desarrollo estético correctamente organizado está unido siempre al perfeccionamiento de muchas cualidades y particularidades físicas y psíquicas de los niños de todas las edades y tiene especial relevancia en la etapa preescolar, pues en esta precisamente se sientan las bases de la futura personalidad del individuo.

Las impresiones artísticas que los niños reciben perduran por mucho tiempo, a veces impresionan su memoria para toda la vida. Aquellas que no poseen un gran valor estético les pueden distorsionar el gusto o crearles falsos criterios artísticos. Es por ello que la educación estética no debe considerarse solamente como un complemento de los aspectos que componen la formación integral del individuo, sino como una parte intrínseca, inseparable de cada una de las actividades que inciden directa o indirectamente en la formación del niño.

Las teorías principales de la educación estética son:

- El desarrollo de la percepción estética, los sentimientos y las ideas.

- El desarrollo de las capacidades artístico-creadoras.

- La formación del gusto estético.

MANIFESTACIONES ARTÍSTICAS
Expresión, mediación e interacción orales

La vía fundamental para lograr una educación estética es la educación artística a través de la cual forma actitudes específicas, desarrolla capacidades, conocimientos y hábitos necesarios para percibir y comprender el arte en sus más variadas manifestaciones y condiciones histórico-sociales, además de posibilitar la destreza necesaria para juzgar adecuadamente los valores estéticos de la obra artística.

La educación artística se expresa a través de la plástica, la danza, el teatro, la literatura y la música.

- En la plástica se expresa mediante el dibujo, la pintura, la escultura, el óleo, la témpera, la plastilina, el barro y otros materiales. Los museos, las galerías de arte, las revistas, las exposiciones, etc., permiten el disfrute de esta manifestación.

- En la danza se expresa mediante movimientos corporales que siguen rítmicamente las audiciones de diferentes géneros.

- En el teatro se expresa fundamentalmente mediante la palabra y el gesto, su obra se realiza en distintos escenarios.

- En la literatura se expresa fundamentalmente mediante la palabra. Disfrutaremos de ella a través de novelas, cuentos, obras dramáticas, en vivo o a través de los medios de difusión masiva.

- En la música podrá expresarse mediante el canto o la ejecución de diversos instrumentos, por otra parte es posible disfrutar de ellos a través de audiciones, conciertos, etc. Y tiene dos vertientes fundamentales con diferencias y semejanzas, con puntos convergentes e interrelación dialéctica.

La primera vertiente es la enseñanza de la música y la segunda es la educación musical. La primera está encaminada a formar músicos especializados, proporciona los conocimientos técnicos necesarios al músico profesional, se da en escuelas especializadas donde se imparten asignaturas propias de la carrera (armonía, contrapunto, instrumentos, etc.).

La segunda (educación musical) se da en todas las enseñanzas y desempeña un papel fundamental en la formación integral del individuo, no solo en las actividades específicamente musicales, sino también en la ampliación de su percepción general, visual y auditiva favoreciendo el estado emocional, el desarrollo físico y la capacidad creadora.

Por otro lado, la educación musical, fundamentalmente en la etapa preescolar, está encaminada a educar musicalmente de forma masiva a niños y tiene como base fundamental el ritmo, la expresión corporal, la apreciación y la ejecución de instrumentos musicales sencillos de fácil manejo para los niños que les posibilitará hacer música de un modo vivo y creador.

No está limitada para niños que tienen determinado interés hacia la música, está dirigida a todos en general y su principal objetivo es educarlos musicalmente, así como desarrollar capacidades, conocimientos, hábitos y habilidades que le permitirán tener una valoración musical de la realidad, a partir de la vivencia del fenómeno sonoro, lo que garantiza poseer valoraciones respecto al hecho sonoro en su conjunto.

Adaptado de www.oei.org.co

MANIFESTACIONES ARTÍSTICAS
Expresión, mediación e interacción orales

TAREA 2

ENTREVISTA SOBRE UN TEMA

Usted debe mantener una conversación con el entrevistador (4-6 minutos) sobre el tema del texto de la Tarea 1. En la conversación, usted debe:

- Dar su opinión personal sobre el tema.
- Justificar su opinión con argumentos.
- Rebatir, si procede, las opiniones que exprese su interlocutor.

Modelo de conversación

1. Opinión del candidato y justificación.
¿Cuál es su opinión respecto a este tema? ¿Podría comentarla?

2. Ampliación del tema por parte del examinador (ejemplos).
- Desde su nacimiento, el hombre se relaciona con la estética, tanto en la familia como en las instituciones. ¿Cuál le parece que es más determinante?
- La educación estética tiene especial relevancia en la etapa preescolar, momento en el que se sientan las bases de la futura personalidad del individuo. ¿Qué piensa usted de esta afirmación? ¿Cree que solo en esta etapa se sientan las bases de la personalidad del individuo?
- ¿Está de acuerdo con la afirmación de que las impresiones artísticas que los niños reciben pueden permanecer en su memoria para toda la vida? ¿Podría poner algún ejemplo?
- La educación estética es una parte intrínseca de la formación integral del individuo. ¿Qué importancia le parece que tiene esto? ¿Considera que tiene que formar parte de las actividades infantiles?
- En el texto se afirma que la vía fundamental para lograr una educación estética es la educación artística. ¿Qué piensa usted de esa afirmación? ¿Cree que es la única vía?
- La educación artística se expresa a través de la plástica, la danza, el teatro, la literatura y la música. ¿Cuál le parece más importante en la formación del individuo?
- ¿Cuál es el principal objetivo de la educación musical según el texto?
- ¿Recuerda alguna experiencia personal relacionada con la educación artística en su infancia?
- ¿Cree que la educación musical debería ser obligatoria para todos los niños, independientemente de su interés previo en la música?
- ¿Cómo cree que la educación artística puede influir en el desarrollo de habilidades no artísticas en los niños?

MANIFESTACIONES ARTÍSTICAS
Expresión, mediación e interacción orales

TAREA 3

CONVERSACIÓN INFORMAL: NEGOCIACIÓN

Usted está diseñando una web de un centro cultural donde se imparten clases de teatro, danza contemporánea, talleres de literatura, informática para mayores, etc., y debe elegir una foto para ilustrarla teniendo en cuenta que debe:

- Representar el espíritu del centro.
- Dar una imagen dinámica y atractiva.
- Mostrar las actividades que se ofrecen.
- Atraer a futuros alumnos y alumnas.

Aquí tiene las cuatro fotos. ¿Cuál sería la más adecuada según los aspectos anteriores? Discuta su elección con el entrevistador (4-6 minutos) hasta llegar a un acuerdo. Recuerde que puede interrumpirle, pedir y dar aclaraciones, argumentar, etc.

Sugerencias para la expresión e interacción orales y escritas

Presentación y motivo del asunto
- *Les escribo en relación con… que ofrece…*
- *He leído el anuncio publicado en… sobre la concesión de becas para…*
- *Les escribo con el interés de informarme sobre…*

Mostrar interés por la beca
- *Estoy muy interesado en solicitar…*
- *Creo reunir los requisitos / las cualidades necesarios/as para obtener…*
- *Como (titulación, formación, profesión)…, me gustaría solicitar…*

Pedir información
Además/También/Asimismo…
- *… quisiera que me enviaran información sobre…*
- *… me gustaría que me proporcionaran…*
- *… les estaría muy agradecido si me detallaran todas aquellas cuestiones relacionadas con…*

Ordenar la información
- *Ante todo, en primer lugar, empezaré diciendo, para empezar…*
- *Por una parte…, por otra…*
- *Además, asimismo…*
- *De todas maneras, en cambio, no obstante, sin embargo…*
- *Para terminar, para concluir, concluyendo, por último, para finalizar…*

Agradecer
- *Les quedo muy agradecido…*
- *Les agradezco su atención…*
- *Agradeciéndoles su atención…*

examen 6

MEDIOS DE COMUNICACIÓN Y DEPORTES

Modelo de examen 6

vocabulario

FICHA DE AYUDA
Para la expresión e interacción escritas y orales

DEPORTES

- Adversario/a (el/la) ....
- Alero (el) ....
- Árbitro/a (el/la) ....
- Atleta (el/la) ....
- Campo (el) ....
- Canasta (la) ....
- Cancha (la) ....
- Delantero (el) ....
- Empate (el) ....
- Encuentro (el) ....
- Escapada (la) ....
- Forofo/a (el/la) ....
- Gol (el) ....
- Grada (la) ....
- Guardameta (el) ....
- Hincha (el/la) ....
- Marca personal (la) ....
- Medalla (la) ....
- Meta volante (la) ....
- Oponente (el/la) ....
- Pabellón (el) ....
- Pelotón (el) ....
- Penalti (el) ....
- Pista (la) ....
- Portería (la) ....
- Portero/a (el/la) ....
- Raqueta (la) ....
- Recogepelotas (el/la) ....
- Relevos (los) ....
- Salto (el) ....
- Saque (el) ....
- Torneo (el) ....
- Trampolín (el) ....
- Tribuna (la) ....

VERBOS

- Disputar (un encuentro) ....
- Emitir ....
- Marcar (un tanto) ....
- Retransmitir ....
- Saborear (la victoria) ....
- Subir (al podio) ....
- Televisar ....

TELEVISIÓN Y RADIO

- Emisora (la) ....
- Guionista (el/la) ....
- Montaje (el) ....
- Producción (la) ....
- Productor/-a (el/la) ....
- Realizador/-a (el/la) ....

PRENSA

- Acontecimiento (el) ....
- Actualidad (la) ....
- Agencia de noticias (la) ....
- Avance de noticias (el) ....
- Carta al director (la) ....
- Comunicado (el) ....
- Contraportada (la) ....
- Difusión (la) ....
- Editorial (el) ....
- Errata (la) ....
- Exclusiva (la) ....
- Informativo (el) ....
- Locutor/-a (el/la) ....
- Nota de prensa (la) ....
- Pie de foto (el) ....
- Portada (la) ....
- Prensa (la) ....
- - del corazón ....
- - amarilla ....
- Presentador/-a (el/la) ....
- Primicia (la) ....
- Redactor/-a (el/la) ....
- Reportaje (el) ....
- Reseña cultural (la) ....
- Rueda de prensa (la) ....
- Sucesos (los) ....
- Sumario (el) ....
- Tertulia (la) ....
- Tirada (la) ....
- Titular (el) ....

VERBOS

- Anunciar ....
- Debatir ....
- Difundir ....
- Editar ....
- Publicar ....
- Redactar ....

EXPRESIONES

- Al pie de la letra ....
- Boca a boca ....
- Cazar (algo) al vuelo ....
- Devolver la pelota ....
- Echar balones fuera ....
- Luchar con uñas y dientes ....
- Tirar la toalla ....

examen 6

PRUEBA 1 — Comprensión de lectura y uso de la lengua

Tiempo disponible para las 5 tareas: 90 min

TAREA 1

A continuación va a leer un texto sobre becas y ayudas para deportistas de triatlón. Elija la opción correcta, a), b) o c), para cada una de las preguntas, 1-6.

FEDERACIÓN DE TRIATLÓN

Obligaciones de los perceptores de becas y ayudas:

5.1. Rendimiento deportivo

a) Mantenerse en activo durante la temporada en curso en la práctica de la alta competición en la especialidad en la que se consiguió el resultado que dio acceso a la beca y/o ayudas, entendiendo como tal la participación en la temporada en el campeonato de Europa o del mundo que le dio derecho a la beca la temporada anterior.

b) El deportista perceptor de una beca o ayuda FETRI está obligado a participar en el campeonato de España en la modalidad por la cual tiene concedida la beca y ayuda. Su ausencia solo podrá justificarse por prescripción del equipo médico de la FETRI.

c) El deportista becado dependerá en su programación deportiva de la dirección técnica de la FETRI, tal y como establece el Art. 33c de la Ley del Deporte. El director técnico consultará con este y con su entrenador personal para confeccionar conjuntamente el plan de programación anual, la prioridad de competiciones, concentraciones, etc. A este fin, el deportista habrá de notificar a la dirección técnica con la debida antelación las pruebas de carácter nacional y concentraciones en las que vaya a participar. Dicha participación quedará supeditada al visto bueno de la dirección técnica.

d) Los deportistas concentrados en los centros de alto rendimiento entrenarán bajo las órdenes del equipo técnico dispuesto por la Federación.

e) El deportista, de conformidad con lo establecido en el Art. 47 de la Ley del Deporte, tiene la obligación de tomar parte en todas las competiciones internacionales para las que sea seleccionado por el director técnico, así como en los campeonatos nacionales de su especialidad y categoría, en la prueba por la que haya conseguido la beca, salvo autorización expresa y justificada de la dirección técnica. Igualmente está obligado a asistir a cuantos controles técnicos y médicos sean convocados por la FETRI.

f) En caso de que por lesión, enfermedad o cualquier otra causa se diese el incumplimiento de asistencia a las competiciones y controles, el deportista informará al director técnico, quien adoptará las medidas oportunas.

g) El deportista se compromete a cumplir la normativa internacional de viajes de la FETRI y someterse a la disciplina del jefe de equipo en una expedición del equipo nacional.

5.2. Servicios médicos

a) El deportista becado tiene la obligación de someterse a los controles médicos, de control de dopaje, reconocimientos médicos y análisis clínicos que se le requieran a través de la FETRI.

b) El atleta becado autoriza a los servicios médicos de la FETRI a emplear datos no identificables en su historia clínica a efectos estadísticos, científicos y de mejora de calidad asistencial. Esta autorización queda sometida a la normativa vigente sobre protección de datos relativos a la salud.

c) El deportista becado ha de informar al jefe de los servicios médicos con la máxima rapidez de cualquier situación que impida el normal desarrollo del entrenamiento: lesión, enfermedad, etc.

d) Igualmente, ha de informar al jefe de los servicios médicos si está utilizando un servicio médico ajeno a la Federación. En el caso concreto de las analíticas, o cualquier otra prueba que se le realice al deportista, será deber de este ponerse en contacto con el jefe de los servicios médicos a fin de conocer los resultados de dichas pruebas. El deportista ha de cumplir todo lo dispuesto en la normativa específica de prestaciones médicas.

5.3. Uniformidad y material

a) El deportista becado debe utilizar el material (uniforme, ropa de paseo y de entrenamiento, bolsa, etc.) facilitado por la FETRI, tanto de calle como de entrenamiento y competición, en cuantas compe-

MEDIOS DE COMUNICACIÓN Y DEPORTES
Comprensión de lectura y uso de la lengua

ticiones y concentraciones sea seleccionado por la Federación, ya sea en entrenamientos, desplazamientos, entrevistas con los medios de comunicación, competición o demás situaciones no contempladas expresamente para los que sea requerido. Asimismo, deberá respetar la incompatibilidad de patrocinadores federativos con los propios.

b) El deportista becado podrá utilizar en sus entrenamientos el material deportivo o de entrenamiento que le corresponda conforme a los criterios de utilización que establezca la dirección técnica, así como de aquel material que se le asigne en función de los acuerdos que firme la FETRI con proveedores o patrocinadores.

5.4. Comportamiento

a) El deportista ha de mantener un comportamiento correcto con los entrenadores, técnicos, deportistas y resto de personal federativo en todo momento.

b) El deportista ha de mantener un comportamiento correcto con el personal de las instalaciones donde esté entrenando, tanto en las instalaciones permanentes como en las ocasionales.

c) El deportista ha de mantener un comportamiento correcto y buena disponibilidad con los medios de comunicación, personal de la organización, etc., cuando estén representando a la Federación en cualquier evento (competición, concentración, actos oficiales, etc.).

Adaptado de www.ac.triatlon.org

Preguntas

1. El deportista beneficiario de una beca o ayuda:
   a) Solo puede participar en los campeonatos que proponga la FETRI.
   b) Podrá participar en competiciones nacionales con la conformidad de la dirección técnica de la FETRI.
   c) Participará únicamente en certámenes de carácter supranacional por ser deportista de élite.

2. El calendario de competiciones y concentraciones:
   a) Es responsabilidad del entrenador personal del deportista.
   b) Lo elabora el director técnico de la FETRI tras hablar con el deportista y su entrenador.
   c) Es decisión del propio deportista según los objetivos que tenga esa temporada.

3. El deportista:
   a) Debe realizar todos los controles médicos que se le indiquen en la FETRI.
   b) Ha de usar exclusivamente los servicios médicos de la Federación.
   c) Pierde la beca o ayuda en caso de lesión o enfermedad.

4. En sus apariciones públicas, el material y la ropa del deportista:
   a) Serán seleccionados por la Federación.
   b) Puede elegirlos él siempre que lleven el distintivo de los patrocinadores de la FETRI.
   c) Es responsabilidad de los patrocinadores del propio deportista.

5. El deportista debe comportarse debidamente:
   a) En el interior de instalaciones deportivas, con el personal federativo y con los otros deportistas.
   b) Cuando porte los distintivos de la FETRI en cualquier evento deportivo o acto oficial.
   c) Con el personal federativo y el de las instalaciones donde se prepara y con los organizadores y empleados de todos los actos a los que asista.

6. Los beneficiarios de estas becas o ayudas:
   a) Se comprometen a participar en cualquier modalidad deportiva que se les indique en la Federación.
   b) Participarán en las competiciones según la especialidad en la que las han conseguido.
   c) Pueden negarse a informar de su salud a la FETRI, según la normativa sobre protección de datos.

MEDIOS DE COMUNICACIÓN Y DEPORTES
Comprensión de lectura y uso de la lengua

TAREA 2

A continuación va a leer un texto del que se han extraído seis fragmentos. Después, lea los siete fragmentos, a)-g), y decida en qué lugar del texto, 7-12, va cada uno. Hay un fragmento que no tiene que elegir.

Territorio comanche

Kukunjevac fue en el 91. Eran los tiempos en que uno llegaba junto a los soldados, decía «Hola, muy buenas», y se ponía a trabajar sin más trámites. Un batallón de seiscientos hombres avanzaba en dos filas a ambos lados de la carretera, recorriendo los cuatro kilómetros que los separaban del pueblo. **7.** _____. Al principio siempre fingía rodar, para que se acostumbrasen y cobraran confianza, naturalidad. A eso lo llamaba *trabajar con película inglesa*. Pero aquel día no hizo falta. Al caer las primeras bombas, algunos sacaron rotuladores y bolígrafos para apuntarse, mientras caminaban, el grupo sanguíneo en el dorso de manos o antebrazos.

Kukunjevac fue la guerra de verdad. El día era gris, con algo de niebla sobre los campos verdes y las granjas que ardían en la distancia. **8.** _____. Barlés recordaba a Márquez caminando en la fila que iba por la derecha, un paso tras otro, la cámara a la espalda y la cabeza baja, mirando las botas del soldado que lo precedía; **9.** _____. A veces Márquez parecía un samurái hosco y solitario, que se bastara a sí mismo sin necesitar un solo amigo en el mundo.

Kukunjevac fue tan duro como esperaban. En cabeza iba una sección de *cebras*, tropas de élite con el pelo rapado a franjas que solían cubrirse la cara con verdugos durante el combate. La técnica era simple: llegaban a una casa, sacaban a la gente escondida en el sótano a punta de fusil, la hacían caminar delante como escudo humano, y las casas empezaban a arder a los lados de la carretera. **10.** _____.

Barlés siempre recordaría Kukunjevac a través de las imágenes de Márquez; las que más tarde, en la sala de montaje de Zagreb, los equipos de otras televisiones acudieron a ver en impresionado silencio. El grupo de civiles que camina en vanguardia con los brazos en alto, estrechándose unos contra otros como un rebaño asustado. **11.** _____. Otra vez el rebaño asustado y gris, lejano, en cabeza. El hongo de humo negro de una explosión cercana. El soldado joven que grita en un portal, alcanzado en el vientre, y aquel otro en estado de *shock* mirando a la cámara con ojos vidriosos mientras le taponan, o intentan hacerlo, la intensa hemorragia de la femoral desgarrada. **12.** _____.

Barlés lo recordaba caminando entre los soldados con la Betacam en la cadera, inexpresivo, las aletas de la nariz dilatadas y los ojos entornados, saboreando la guerra. Y tenía la certeza absoluta de que ese día, en Kukunjevac, Márquez había sido feliz.

Extraído de Territorio Comanche, *Arturo Pérez-Reverte*

MEDIOS DE COMUNICACIÓN Y DEPORTES
Comprensión de lectura y uso de la lengua

Fragmentos

a) A medida que se acercaban al pueblo cesaban las conversaciones y los comentarios, hasta que todos guardaron silencio y solo se oyó el ruido de los pasos sobre la gravilla de la carretera.

b) Soldados disparando ráfagas con el fondo de casas en llamas. La carretera inclinada, pues a veces Márquez no podía estabilizar bien la cámara, con soldados protegiéndose tras un blindado que mueve el cañón a derecha e izquierda mientras avanza.

c) Uno de los cebras vino a Márquez para soltarle un amenazador *no pictures* cuando lo vio filmar a los civiles, así que el resto de las imágenes hubo que tomarlas a escondidas, con la cámara en la cadera y como si no estuviesen grabando nada.

d) Eso era viejo de tres años atrás, cuando Vukovar y Osijek y todo aquello; cuando los croatas aún eran los buenos, los agredidos, y los serbios el único malo de la película.

e) Era la fuerza de ataque, la vanguardia, y todos sabían que los esperaba algo muy duro; a pesar de que eran jóvenes, ninguno mostró ganas de reír ni hacer bromas cuando Márquez se echó la Betacam al hombro y empezó a trabajar.

f) Y el campesino con ropas civiles, muy joven, a quien un cebra enmascarado interroga dándole bofetadas que lo hacen volver la cara a uno y otro lado mientras se orina encima de puro terror, con una mancha húmeda y oscura extendiéndosele, hacia abajo, por la pernera del pantalón torcida de la cámara de Márquez.

g) absorto en sus pensamientos o concentrado como un guerrero antes del combate. Y en realidad se trataba exactamente de eso.

MEDIOS DE COMUNICACIÓN Y DEPORTES
Comprensión de lectura y uso de la lengua

TAREA 3

A continuación va a leer un texto sobre los efectos de las noticias falsas en las empresas. Después, elija la opción correcta, a), b) o c), para las preguntas, 13-18.

Combatir las noticias falsas en las empresas

A estas alturas del siglo XXI, todos hemos oído hablar de las noticias falsas o *fake news*, hemos estado expuestos a ellas y, casi con toda seguridad, nos hemos creído más de una. Sin embargo, no todos somos conscientes del peligro que entrañan para nosotros como individuos, para las corporaciones o instituciones en las que trabajamos y para la sociedad en general. Y, mucho menos aún, de que todos tenemos una responsabilidad frente a este fenómeno.

La realidad es que existe una auténtica industria de la mentira que se aprovecha de la crisis de confianza en las instituciones con el objetivo de causar perjuicios o conseguir dinero. Existen organizaciones que se dedican a crear *fake news* y noticias falseadas particulares y se prestan a difundirlas, así como máquinas (bots) que permiten su difusión masiva. La tormenta perfecta. Debido a que su repercusión suele ser mayor, se tiende a considerar que este tipo de noticias es de naturaleza política, pero no es así. Cada vez más empresas, instituciones y particulares se ven afectados por campañas de desinformación que buscan perjudicar el buen nombre y las ganancias de particulares y empresas.

Según un estudio del Massachusetts Institute of Technology (MIT), las noticias falsas tienen hasta un 70 % más posibilidades de ser compartidas que las verdaderas y, aunque muchas personas son prescriptores en la vida real o influentes en el ámbito virtual, por desgracia, no tienen más armas que la mayor parte de la población para defenderse de este fenómeno: son igual de vulnerables que todos para dejarse envolver por las noticias de alto contenido ideológico y emocional que reciben a través de las redes; igual de susceptibles a creerse falsedades destinadas a cambiar el sentido de su voto o a difundir información falsa sobre otras empresas por el mero hecho de que les llegan de alguien de confianza; igual de proclives a ser más críticos con informaciones reales que no coinciden con sus creencias que con las falsas que encajan perfectamente en su ideario. Si ayudar a las personas a que sean mejores consumidores de información *online* es crucial en un mundo en plena transformación digital, ¿no tendría sentido que desde los departamentos de comunicación y responsabilidad social empresarial (RSE) proporcionásemos herramientas válidas a las plantillas de nuestras empresas para que desarrollen el sentido crítico y se conviertan en embajadores contra cualquier noticia falsa que les llegue? En el centro de la responsabilidad social de las empresas están la transparencia y la responsabilidad, que derivan en gran parte de nuestra capacidad para comunicar con claridad.

En un contexto como el actual, nuestro compromiso con la difusión de información contrastada y confiable es más importante que nunca. Podemos monitorizar las redes sociales y los medios digitales, hacer una labor de identificación, desenmascarar a los culpables, ayudar a prestigiar a los medios de comunicación serios… la lista es larga.

Uno de los objetivos para conseguir un desarrollo sostenible es crear, a todos los niveles, instituciones eficaces y transparentes que rindan cuentas y garanticen el acceso público a la información y las libertades fundamentales, de conformidad con las leyes nacionales y los

MEDIOS DE COMUNICACIÓN Y DEPORTES
Comprensión de lectura y uso de la lengua

acuerdos internacionales. Sin paz, estabilidad, derechos humanos y gobernabilidad efectiva basada en el Estado de derecho no es posible alcanzar el desarrollo sostenible.

Las noticias falsas nos llevan, sin duda, hacia un mundo cada vez más dividido y fragmentado: refuerzan nuestros instintos más básicos a base de bulos virales que aumentan la intransigencia y la hostilidad, afectan a los fundamentos de las sociedades democráticas, uno de los cuales es que los ciudadanos estén bien informados. Combatirlas es un deber de todos.

Adaptado de www.pactomundial.org

Preguntas

13. Sobre las noticias falsas, el texto afirma que:
   a) Es relativamente fácil escucharlas y creerlas.
   b) Desconocemos el riesgo que pueden comportar.
   c) Todos nos comportamos irresponsablemente ante ellas.

14. Según el texto, las noticias falsas:
   a) Provocan que muchos desconfíen de las instituciones.
   b) Suelen poner el foco en temas políticos exclusivamente.
   c) Buscan dañar tanto la reputación como la economía.

15. El estudio del MIT revela que:
   a) Los influentes apenas se dejan convencer por noticias ideológicas.
   b) El porcentaje de noticias falsas supera al de las verdaderas.
   c) Los influentes pueden distinguir qué noticias son verdaderas.

16. Sobre las noticias falsas, el texto dice que las empresas:
   a) Deberían esforzarse por difundir la información con claridad.
   b) Dan herramientas a sus empleados para defenderse de ellas.
   c) Son las primeras responsables de la falta de transparencia.

17. Para conseguir un desarrollo sostenible es necesario:
   a) Contrastar la información de las redes sociales.
   b) Desprestigiar a los informantes poco serios.
   c) Garantizar el acceso libre a la información.

18. Para el autor, las noticias falsas:
   a) Favorecen el que cada vez haya más división en el mundo.
   b) No inciden en las verdaderas sociedades democráticas.
   c) Serán combatidas por los ciudadanos mejor informados.

6 MEDIOS DE COMUNICACIÓN Y DEPORTES
Comprensión de lectura y uso de la lengua

TAREA 4

A continuación va a leer varios textos relacionados con diferentes deportes. Elija el texto, a)-f), que corresponde a cada enunciado, 19-26. Hay textos que deben ser elegidos más de una vez.

a) Motociclismo

El motociclismo como deporte apareció en Alemania en 1885, cuando el ingeniero alemán Gottlieb Daimler instaló un motor de combustión a una bicicleta de madera. En pocos años, el profesionalismo asomaba la cabeza con las primeras carreras entre pueblos y comunidades cercanos. El objetivo era sacar el máximo potencial a la moto en una pista creada para la ocasión. Gracias a los avances de la industria, se mejoró la potencia de los motores, creando así distintas categorías, cada una con su cilindrada. Surgió entonces la idea de cronometrar una vuelta a la pista para averiguar qué motor era el más potente o qué piloto tenía un mayor manejo de la moto para batir la marca de sus rivales.

En 1896 se celebró la primera competición oficial de motos en Francia. Ocho competidores recorrieron la distancia de París a Nantes (152 km ida y vuelta). Hoy millones de personas disfrutan del motociclismo como deporte que, con algunas variaciones, sigue la dinámica que existía hace poco más de 100 años.

b) Patinaje sobre hielo

Su origen se remonta a la Holanda del siglo XIV. La necesidad de cruzar los helados canales durante el invierno hizo que se empezaran a utilizar pesados patines con cuchillas de madera. En 1572 aparecieron las cuchillas de hierro y setenta años más tarde se fundó el primer club de patinaje en Edimburgo, dejando de ser un modo de transporte para convertirse en un deporte. En los siglos XVIII y XIX fue un pasatiempo muy habitual para monarcas y aristócratas, que lo hicieron popular entre sus súbditos. En 1850, el norteamericano E. Bushnell introdujo las cuchillas de acero, y unos diez años más tarde el bailarín americano Jackson Haines empezó a enseñar elementos de coreografía a patinadores. El mismo Haines fue quien inventó la cuchilla simple, lo que proporcionó mucha más estabilidad y libertad de movimientos.

c) Pelota vasca

Este juego es una de las expresiones más destacadas de la cultura vasca. Más allá de la dimensión deportiva y lúdica es un factor de cohesión social y forma parte del universo simbólico común. En definitiva, tiene un importante valor dentro de nuestra sociedad. A todo ello se une la belleza de las distintas modalidades de pelota vasca que existen y la arquitectura de los frontones. Con todos estos elementos está claro que no podía dejar de ser fuente de inspiración de los artistas, y de ahí que la Sala Kubo cierre la programación extraordinaria del décimo aniversario de su inauguración con una exposición sobre la pelota vasca mostrada desde un punto de vista cultural y antropológico, más allá del aspecto meramente deportivo. Esta exposición es una muestra escogida de esas manifestaciones artísticas de excelente calidad.

d) Fútbol

Hay que remontarse a la China de la dinastía Han, hace 2200 años, para encontrar la evidencia más antigua de este deporte de masas, el fútbol. Se trata del *ts'uh kúh*, que viene a significar dar patadas a un balón de cuero. El juego, que se practicaba con las manos y los pies de una forma más o menos violenta, nació como un método de adiestramiento militar en el que los asistentes hacían grandes apuestas. Al finalizar, el capitán del equipo derrotado era castigado y flagelado en público. De ahí pasó a Japón, donde surgiría ya en la era medieval un juego cortesano que fue bautizado como *kemari*. En este nuevo deporte, la habilidad sustituyó a la fuerza bruta que caracterizaba a los jugadores chinos.

Preparación Diploma de Español (Nivel C1)

MEDIOS DE COMUNICACIÓN Y DEPORTES
Comprensión de lectura y uso de la lengua

e) **Barranquismo**

El barranquismo o *canyoning* es un deporte de aventura que se practica en los cañones o barrancos de un río. Puede presentar un recorrido muy variado: se encuentran tramos con poco caudal o incluso secos, puntos con pozas profundas y otros tramos con cascadas, así como terrenos con vegetación o desérticos. El barranquismo consiste en ir superando estos cambios de recorrido: caminando, nadando, destrepando o escalando, si es necesario. Para que un descenso sea valorado como apto para el barranquismo debe combinar al menos dos de estas tres características: caudal, verticalidad y carácter encajado. Aunque puede realizarse en solitario, por seguridad se practica habitualmente en grupo, y debe tenerse experiencia mínima y el equipo adecuado para su desarrollo.

f) **Esgrima**

El arte de luchar con una espada es casi tan antiguo como nuestra historia. Aunque la esgrima no se ha entendido desde sus principios como un deporte, su aprendizaje y práctica dieron lugar a torneos y competiciones de carácter deportivo. Un asalto de esgrima, lejos de lo que a primera vista parece, no es solo un conjunto de movimientos complicados y rápidos. Desde el interior de una careta, el asalto toma una perspectiva muy distinta. Se establece un diálogo mediante fintas y acciones preventivas con las que cada esgrimista estudia a su contrario, buscando sus posibles reacciones, sus puntos débiles o ese momento de descuido, a la vez que intenta confundirle provocándole para que ejecute acciones de las que él estará prevenido.

Adaptado de varias fuentes

Enunciados

19. Potencia, velocidad y tiempo son aspectos fundamentales de esta disciplina deportiva.

a)	b)	c)	d)	e)	f)

20. Tiene su origen en la necesidad de practicar para estar preparados para la lucha.

a)	b)	c)	d)	e)	f)

21. Más que un juego, se considera hoy en día una manifestación cultural de un pueblo determinado.

a)	b)	c)	d)	e)	f)

22. Desde sus comienzos, los espectadores apostaban sobre el resultado del juego.

a)	b)	c)	d)	e)	f)

23. En su origen, esta actividad no era deportiva, sino una forma de desplazarse.

a)	b)	c)	d)	e)	f)

24. Se desaconseja practicar este deporte en solitario por los riesgos que conlleva.

a)	b)	c)	d)	e)	f)

25. La capacidad de prever los movimientos del contrario es esencial en la práctica de este deporte.

a)	b)	c)	d)	e)	f)

26. Si no se alzaban con la victoria, los responsables del equipo sufrían castigos corporales.

a)	b)	c)	d)	e)	f)

MEDIOS DE COMUNICACIÓN Y DEPORTES
Comprensión de lectura y uso de la lengua

TAREA 5

A continuación va a leer un texto relacionado con dos eventos deportivos universales. Elija la ocpión correcta a), b) o c), para completar los huecos, 27-40.

Olimpiadas Especiales y Paralimpiadas

Tanto las Paralimpiadas como las Olimpiadas Especiales son organizaciones independientes y reconocidas por el Comité Olímpico Internacional (COI). Sin embargo, al mismo tiempo que comparten ciertas características (ambas se orientan ____**27**____ deportes para atletas con discapacidad, y son gestionadas por organizaciones internacionales sin fines ____**28**____), difieren en tres áreas principales: la categoría de discapacidades de los atletas con los que trabajan, los criterios y la filosofía bajo la cual participan los atletas, y la estructura de sus ____**29**____ organizaciones.

Las Paralimpiadas tienen una estructura encabezada ____**30**____ la Asamblea General, que congrega a más de ciento cincuenta países miembros, cada uno de los cuales dispone de un comité nacional y diversas organizaciones menores.

Estos juegos son para atletas con discapacidades físicas (visual, intelectual, amputación, parálisis cerebral, lesiones de columna), y *Les Autres,* categoría a la que pertenecen aquellas discapacidades que no ____**31**____ en cualquiera de las categorías mencionadas. Al igual ____**32**____ con los Juegos Olímpicos, el deportista que desea competir tiene que ____**33**____ con los requisitos y normas proclamados por sus organizadores. Este evento deportivo ____**34**____ junto con los Juegos Olímpicos, cada cuatro años, y se divide en deportes de verano y de invierno.

____**35**____, las Olimpiadas Especiales es un movimiento global que se estructura más como una red de eventos deportivos. Su sede central está en la ciudad de Washington y ____**36**____ con un Consejo de Directores Internacional Gobernante.

Además, las Olimpiadas Especiales son un evento para niños y adultos con discapacidades intelectuales o de desarrollo, como limitaciones para el aprendizaje o habilidades de adaptación. La ____**37**____ está abierta a atletas a partir de los ocho años que participan en treinta y dos deportes de tipo olímpico.

Este evento deportivo se celebra cada dos años ____**38**____ alternan entre competiciones de juegos de verano y de invierno. Para quienes tienen discapacidad intelectual es una oportunidad para mejorar no solo su salud, sino también su calidad de vida en general.

MEDIOS DE COMUNICACIÓN Y DEPORTES
Comprensión de lectura y uso de la lengua

Este acontecimiento deportivo organiza competiciones todos los días y en todo el mundo a nivel local, nacional y regional, y pone ____**39**____ relieve que lo más importante es incentivar la participación, más que la victoria. Como se trata de un evento inclusivo, la organización establece divisiones para abrir sus puertas a atletas con distintos niveles de discapacidad y así promover un evento deportivo justo para todos los participantes.

Esa es otra diferencia con los Juegos Paralímpicos, ____**40**____ los atletas compiten a nivel de élite para ganar medallas y, en general, el proceso para elegir a los deportistas es mucho más exigente.

Adaptado de www.olimpiadasespeciales.org

Opciones

27.	a) a	b) en	c) sobre
28.	a) gananciales	b) enriquecedores	c) lucrativos
29.	a) respectivas	b) sendas	c) ambas
30.	a) en	b) por	c) para
31.	a) entran	b) entraban	c) entraran
32.	a) de	b) como	c) que
33.	a) cumplir	b) acatar	c) solicitar
34.	a) hace	b) se cumple	c) se celebra
35.	a) Al revés	b) En cambio	c) Al tiempo
36.	a) contiene	b) se compone	c) cuenta
37.	a) convocatoria	b) invitación	c) invocación
38.	a) donde	b) en los que	c) en el que
39.	a) de	b) por	c) sobre
40.	a) en el que	b) en la que	c) en donde

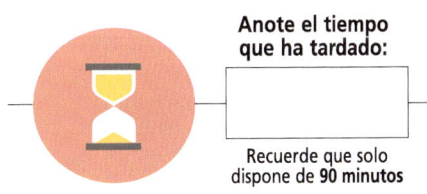

Anote el tiempo que ha tardado:

Recuerde que solo dispone de **90 minutos**

Preparación Diploma de Español (Nivel C1)

examen 6

PRUEBA 2 — **Comprensión auditiva y uso de la lengua**

Tiempo disponible para las 4 tareas.

TAREA 1

A continuación escuchará un discurso sobre la violencia en el deporte en el que se tomaron las siguientes anotaciones. Lo oirá dos veces. Después, elija las seis anotaciones que corresponden a este discurso, 1-6, entre las doce que se le ofrecen, a)-l).

Anotaciones

a) Según el discurso, el deporte favorece la competencia, ya que es un instrumento de autosuperación.

b) El deporte es una herramienta útil para combatir las dependencias o vicios.

c) Para unos, la sociedad influye en los actos humanos. Otros piensan que están influenciados por factores biológicos.

d) Según Montagu, hay que seguir fomentando la idea de que el ser humano es malo por naturaleza.

e) Con la evolución de la civilización, el grado de tolerancia hacia la violencia es menor.

f) Los deportes de competición se fundamentan en el deseo de alcanzar la victoria.

g) Los conflictos deportivos no son nunca comparables a los de otros ámbitos.

h) Hay deportes de competición que se caracterizan por la violencia controlada.

i) Es inconcebible el conflicto entre jugadores de un mismo equipo o con el entrenador.

j) Los hinchas del equipo perdedor no deben considerar injusta la falta de entradas.

k) Los aficionados derrotados siempre acaban cometiendo excesos a causa del alcohol.

l) A veces, por diversas circunstancias, una celebración festiva por una victoria termina en un acto de violencia.

a)	b)	c)	d)	e)	f)	g)	h)	i)	j)	k)	l)

MEDIOS DE COMUNICACIÓN Y DEPORTES
Comprensión auditiva y uso de la lengua

TAREA 2

A continuación escuchará cuatro conversaciones. Oirá cada una dos veces. Después, seleccione la opción correcta, a), b) o c), para cada pregunta, 7-14.

Preguntas

Conversación 1

7. El hombre cree que:
   a) La pareja no se ha casado.
   b) El reportaje ha sido acordado.
   c) Su mujer es una frívola.

8. La mujer:
   a) Admira a la pareja de las fotos.
   b) Compra asiduamente revistas del corazón.
   c) Muestra su enfado con el hombre.

Conversación 2

9. El hombre comenta:
   a) La buena temporada que está realizando el equipo.
   b) La campaña electoral para elegir técnico.
   c) La ausencia de un jugador por baja temporal.

10. La mujer hace un comentario sobre:
   a) El mal tiempo.
   b) El aumento del precio de las entradas.
   c) Los partidos entre el Boca y el River.

Conversación 3

11. La previsión del tiempo en la costa es:
   a) Lluvioso y ventoso.
   b) Ventoso y cubierto.
   c) Soleado y ventoso.

12. Al final, la pareja decide:
   a) Visitar una localidad con un monumento arquitectónico.
   b) Volver a visitar un monasterio del que les ha hablado una amiga.
   c) Comer cordero en un restaurante recomendado por su amiga.

Conversación 4

13. El hombre está leyendo una noticia sobre:
   a) Un homicidio.
   b) Un incendio descontrolado.
   c) Un accidente aéreo.

14. La conversación termina con:
   a) Un comentario triste.
   b) Una broma.
   c) Una mala noticia.

Preparación Diploma de Español (Nivel C1)

MEDIOS DE COMUNICACIÓN Y DEPORTES
Comprensión auditiva y uso de la lengua

TAREA 3

A continuación escuchará una entrevista con Edurne Pasaban. La oirá dos veces. Después, seleccione la opción correcta, a), b) o c), para cada pregunta, 15-20.

Preguntas

15. Edurne Pasaban es la primera mujer:
   a) Española en el Himalaya.
   b) Víctima de una maldición.
   c) Que ha escalado el K2 y sigue viva.

16. El peor recuerdo de Edurne fue:
   a) Su frustración profesional.
   b) El descenso del K2.
   c) La muerte de su mejor amigo.

17. ¿Qué es lo que más valora Edurne del CAR?
   a) La preparación física.
   b) La atención médica y de los fisioterapeutas.
   c) La larga duración de los entrenamientos.

18. Al recibir el premio a la mejor deportista del año, Edurne se sintió satisfecha por:
   a) El reconocimiento del COE a la figura del alpinista.
   b) Ser la primera mujer en conseguirlo.
   c) Haber superado sus problemas de salud.

19. Durante el descenso del K2, Edurne:
   a) Fue muy disciplinada.
   b) Mantuvo la moral alta.
   c) Descuidó su alimentación.

20. Las dos últimas expediciones de Edurne:
   a) Han sido las más duras de su carrera.
   b) Se complicaron por el tiempo y la falta de porteadores.
   c) Se han conseguido con un mes de diferencia.

MEDIOS DE COMUNICACIÓN Y DEPORTES
Comprensión auditiva y uso de la lengua

TAREA 4

Usted va a escuchar diez breves diálogos. Escuchará cada uno dos veces. Después, seleccione la opción correcta, a), b) o c), para cada pregunta, 21-30.

Preguntas

Diálogo 1
21. Según el tiempo, mañana:
- a) Cambia la temperatura en el norte y el este.
- b) Habrá menos precipitaciones en el este.
- c) Lloverá con intensidad en toda la comunidad.

Diálogo 2
22. Paco:
- a) Ha visto una película anunciada en el metro.
- b) Quiere ir al musical de la Gran Vía.
- c) Decide consultar las películas.

Diálogo 3
23. En la capital se han producido:
- a) Disparos.
- b) Accidentes.
- c) Asaltos.

Diálogo 4
24. Pablo dice que el Barcelona va a:
- a) Tener muchas ganancias.
- b) Contratar a un jugador.
- c) Perder la liga.

Diálogo 5
25. Sobre los equipos, Amadeo dice que:
- a) El suyo ganó por dos puntos.
- b) Los dos obtuvieron el mismo resultado.
- c) Perdió el de las chicas.

Diálogo 6
26. Carmen:
- a) Está de acuerdo con su interlocutor.
- b) No comprende de qué juez le habla.
- c) Cree que no es la persona a la que se refiere su interlocutor.

Diálogo 7
27. El equipo de Julio:
- a) Perdió.
- b) Empató.
- c) Ganó.

Diálogo 8
28. María:
- a) No está de acuerdo con su interlocutor.
- b) Cree que Felipe es un buen jugador.
- c) Siente pena por Felipe.

Diálogo 9
29. La actitud de Marta ante la noticia es de:
- a) Ironía.
- b) Compasión.
- c) Crítica.

Diálogo 10
30. Según Bruno, Flores:
- a) Ha perdido.
- b) Ha ganado.
- c) Ha empatado.

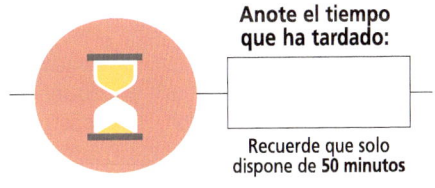

Anote el tiempo que ha tardado:

Recuerde que solo dispone de **50 minutos**

examen 6

PRUEBA 3  Expresión, mediación e interacción escritas

 Tiempo disponible para las 2 tareas.

TAREA 1

A continuación escuchará la primera parte de una conferencia sobre la participación ciudadana en el periodismo digital. La escuchará dos veces. Después, redacte un artículo de opinión (220-250 palabras) sobre ese tema en el que deberá:

- Hacer una introducción sobre el tema.
- Resumir los puntos principales de la conferencia.
- Opinar sobre la propuesta y valorar sus efectos en la sociedad actual.

TAREA 2

Elija una de las siguientes opciones* y redacte un texto formal (180-220 palabras) según las indicaciones que se le dan en cada opción.

Opción 1

Usted es redactor en la sección local de un periódico. El año está acabando y le han pedido que escriba un artículo repasando los acontecimientos más importantes de su ciudad en este periodo. Aquí tiene varios titulares que han aparecido durante el año.

Redacte el artículo teniendo en cuenta que debe:

- Narrar los hechos de forma resumida, sin entrar en detalles.
- Dar el tono adecuado a cada noticia, no se trata de un periódico sensacionalista.
- Acabar con un comentario de opinión a modo de balance sobre el año en general.

Actualidad	Sociedad	Salud	Cultura
280 viviendas del Paseo de la Estación ya tienen propietarios	**Se inician los trámites para el primer Plan de Igualdad en la ciudad**	**La falta de recursos pone en peligro la finalización de las obras del futuro centro de salud Parque Álamo.**	**Encuentro público con el pintor Antonio López**
La alcaldesa se comprometió a mantener el precio actual, a pesar de que la Comunidad de Madrid anunció un incremento del este.	Entre las medidas destacan la elaboración de protocolos para prevenir situaciones de acoso sexual, la promoción de la igualdad de oportunidades, etc.		Durante el encuentro, los asistentes pudieron charlar con el artista y conocer más de cerca su obra.

MEDIOS DE COMUNICACIÓN Y DEPORTES
Expresión, mediación e interacción escritas

Opción 2

Usted estudia en la Facultad de Ciencias de la Actividad Física y del Deporte y le han pedido que colabore en la revista universitaria con un artículo sobre el origen de los Juegos Olímpicos y su continuidad en la actualidad.

En su artículo deberá:

- Hacer una introducción del tema.
- Explicar qué deportes le dieron origen usando la información de la infografía.
- Dar su opinión sobre la celebración de las olimpiadas.

DEPORTES
QUE DIERON ORIGEN
a los Juegos Olímpicos

Los Juegos Olímpicos *(Olympiakoi Agones)* tienen un origen divino, ya que su base es la mitología griega. Estaban dedicados a Zeus.

Carreras
200, 400 y 2000 m

Salto de altura

Lanzamiento de bala

Pentatlón
(carrera, salto de longitud, lucha, lanzamiento de disco y de jabalina)

Olimpia, Grecia
Del 776 a. C al 393 d. C.
Cada cuatro años, las distintas ciudades Estado se enfrentaban en diversas pruebas atléticas. Se cree que participaban alrededor de 40 mil personas.

En el 708 a. C. se añadieron

Lanzamiento de jabalina

Lucha

Eventos ecuestres
Carreras de caballos y de carros tirados

Pancracio
Arte marcial que combina lucha y boxeo

Boxeo

Sabías que...
Los atletas antiguos se untaban el cuerpo con aceite y una capa de arena y llevaban una dieta de frutos secos y cereales.

Adaptado de https://efnoesgym.blogspot.com/

Anote el tiempo que ha tardado:

Recuerde que solo dispone de **80 minutos**

* Nota: por cuestión de espacio, se ha invertido el orden de las opciones. En el original aparece primero la opción 2 (que sería la 1).

examen 6

PRUEBA 4 — Expresión, mediación e interacción orales

 **Tiempo disponible para las 3 tareas.**

 **Tiempo de preparación.**

TAREA 1

EXPOSICIÓN ORAL

Usted debe hacer una exposición (3-5 minutos) sobre el tema del siguiente texto. Durante la lectura puede tomar notas y consultarlas, pero no hacer una lectura de estas.

En su exposición debe:

- Resumir los puntos principales del texto.
- Valorar el texto (interés, novedad, intención del autor, lógica de los argumentos, etc.).
- Opinar sobre el tema.

Redes sociales y medios de comunicación

¿Cómo influyen las redes sociales en los medios de comunicación? La llegada de Internet ha supuesto que los medios de comunicación hayan tenido que evolucionar de forma constante y no hayan dejado de hacerlo. Antes, los medios de comunicación convencionales eran el teléfono, la radio, la televisión, el periódico y las revistas, y el hecho de pensar en la posibilidad de distribuir un pensamiento a miles de personas en simultáneo era solo posible mediante estos medios de comunicación masiva. Hoy en día, siguen consumiéndose, pero con la aparición de las redes sociales e Internet, su popularidad y grado de preferencia ha ido cayendo.

Se estima que 8 de cada 10 personas que consumen Internet, tiene al menos un perfil de red social, y es que las redes sociales, además facilitarnos la comunicación con nuestros seres queridos, amigos y familia, nos mantienen informados de todas las noticias de actualidad a través de periódicos digitales o, por ejemplo, X, que nos permite enterarnos brevemente y en tiempo real de los sucesos del país y el mundo.

Sin embargo, aunque han logrado convertirse en un medio de comunicación masiva, efectivo y real, no hay de olvidar que también presentan serios inconvenientes, entre los que podemos destacar: estafas en redes sociales, gestión de nuestra privacidad, desinformación o distorsión de la realidad. Esto significa que su buen uso puede ayudarnos a informarnos y comunicarnos de una manera más rápida e internacional, pero también puede generar confusiones y factores contraproducentes en los usuarios.

Pero las redes sociales no solo se pueden describir como un medio de comunicación, sino también es un medio de información y, como tal, dicha información debería ser fiable y contrastada, pero la realidad no es esa. Según una encuesta realizada por GAD3 y la

MEDIOS DE COMUNICACIÓN Y DEPORTES
Expresión, mediación e interacción orales

Fundación AXA para el foro Periodismo 2030, las redes sociales son el medio de comunicación que más noticias falsas contiene y, a pesar de este dato, un 42,8 % de la población las utiliza para informarse de forma habitual. Entre los riesgos del uso de las redes sociales como fuente de información podemos destacar los siguientes: poca rigurosidad, desconocimiento de la fuente de información, confusión entre opinión e información, e información sin estructurar.

La parte positiva es que, aunque como hemos dicho antes, la población utilice las redes sociales para informarse de manera habitual, esta tiene un bajo grado de confianza en ellas (un 4,9 sobre 10); apenas tres décimas por encima de WhatsApp, que es el medio que menos confianza ofrece a los españoles. La radio y la prensa escrita son, por el contrario, los medios que más confianza inspiran a la mayoría. La radio cuenta con una credibilidad de 6,4 sobre 10, mientras que la prensa escrita obtiene un 6,1 y los portales digitales, un 5,9. Los dos únicos medios que suspenden son las redes sociales y WhatsApp.

¿Cómo influyen las redes sociales en la reputación de las grandes marcas? No podemos obviar que estos medios se han convertido en una de las herramientas de comunicación más importante para las empresas, ya que los usuarios las consultan, comparan con otras y leen los comentarios que se publican sobre un determinado producto o servicio que ofrece una determinada marca. Es así como la reputación de estas se ve influenciada por los medios de comunicación. Por eso, las empresas deben cuidar la comunicación con sus consumidores. Para ello, y para conseguir fortalecer tu marca en redes, puedes seguir estos consejos:

Comunicación constante. Las marcas que tienen una comunicación en tiempo real con sus consumidores generan mayor confianza.

Cuidar lo que se publica. Todo lo que se sube en Internet se almacena permanentemente, por lo que si te arrepientes de haber publicado una foto, vídeo, etc., no lo podrás eliminar y esto podrá afectar negativamente a tu negocio.

Facilidad de encontrar contenidos. Cualquier contenido subido a las redes sociales se podrá encontrar fácilmente. Esto tiene sus beneficios, ya que permitirá a los usuarios el fácil acceso a tu historial de actividades.

Rapidez para contestar. Esto es fundamental y no se debe descuidar. En caso de recibir críticas de parte de los usuarios, es recomendable responder inmediatamente, al igual que los buenos comentarios, que se deben agradecer, para crear una buena relación con tu cliente y, además, ayudará en el proceso de fidelización.

Siguiendo estos consejos, se garantiza tener un consumidor satisfecho que deje un comentario positivo en las redes y se vuelva un seguidor o simplemente lo difunda en su perfil, lo cual ayudará en el crecimiento positivo de la reputación de la marca de la empresa.

Ahora cabe preguntarse si las redes sociales destituirán al resto de medios de comunicación tradicionales. La respuesta parece ser que no. De hecho, la televisión sigue siendo la principal fuente de información para la mayoría de la población española, y mantiene su credibilidad y fiabilidad como tal.

Adaptado de www.comunicare.es

MEDIOS DE COMUNICACIÓN Y DEPORTES
Expresión, mediación e interacción orales

TAREA 2

ENTREVISTA SOBRE UN TEMA

Usted debe mantener una conversación con el entrevistador (4-6 minutos) sobre el tema del texto de la Tarea 1. En la conversación, usted debe:

- Dar su opinión personal sobre el tema.
- Justificar su opinión con argumentos.
- Rebatir, si procede, las opiniones que exprese su interlocutor.

Modelo de conversación

1. Opinión del candidato y justificación.
¿Cuál es su opinión respecto a este tema? ¿Podría comentarla?

2. Ampliación del tema por parte del examinador (ejemplos).
- En el texto se menciona el grado de popularidad que han alcanzado las redes sociales e Internet como medios de comunicación. ¿Cuál es su grado de confianza en estos medios a la hora de informarse?
- Como se menciona en el texto, estos nuevos medios de comunicación masiva presentan también serios inconvenientes, ¿qué opina al respecto? ¿Cómo cree que se podrían minimizar?
- En el texto se habla de las redes sociales también como medios de información. Sin embargo, dicha información, en muchas ocasiones es falsa. ¿Qué cree que se podría hacer para tener informaciones veraces, rigurosas y contrastadas?
- Según el texto, no todo el mundo confía en las redes sociales como medio de información. ¿Qué medios utiliza usted para informarse? ¿Confía en ellos?
- ¿Está de acuerdo con los consejos que se dan en el texto para fortalecer una marca en las redes sociales?
- En su caso, ¿qué medios elige a la hora de comunicarse e informarse? ¿En qué sentido ha sido positiva o negativa su experiencia?
- Si tuviera que elegir una red social como la más segura para informarse, ¿cuál sería y por qué?
- ¿Cómo se siente cuando se informa a través de una red social? ¿Realiza búsquedas para contrastar la opinión de otros consumidores antes de realizar una compra o contratar un servicio?
- ¿Ha creado algún perfil en redes sociales? ¿Qué tipo de información comparte ahí y cuánto tiempo dedica a actualizarlo?
- ¿Qué aconsejaría a alguien que no quiere usar las redes sociales?
- ¿Cree que los otros medios de comunicación desaparecerán en el futuro?

MEDIOS DE COMUNICACIÓN Y DEPORTES

Expresión, mediación e interacción orales

TAREA 3

CONVERSACIÓN INFORMAL: NEGOCIACIÓN

Usted es redactor de una revista en la que han escrito un reportaje sobre la realidad actual del continente africano y el autor le ha pedido consejo para elegir la foto que lo encabezará. Tenga en cuenta que:

- Debe ser alegre.
- Tiene que ser representativa de todo el continente.
- No debe dar una imagen tercermundista.
- Ha de ser estética.

Aquí tiene las cuatro fotos. ¿Cuál sería la más adecuada según los aspectos anteriores? Discuta su elección con el entrevistador (4-6 minutos) hasta llegar a un acuerdo. Recuerde que puede interrumpirle, discrepar, pedir y dar aclaraciones, argumentar, etc.

Sugerencias para la expresión e interacción orales y escritas

Expresar acuerdo

- Yo también diría que…
- Comparto la misma idea.
- Estoy con usted en lo de que… / lo de… / eso.
- De eso no hay duda.
- Eso es una gran verdad.
- Estoy de acuerdo en todo, salvo en…

Expresar desacuerdo

- No lo veo así.
- No coincido en lo de que… / lo de… / eso.
- No me convence lo de… / lo de que…
- No se puede decir que…
- ¿Cómo puede decir algo así?
- Eso no tiene ningún sentido.
- Eso no tiene ni pies ni cabeza.

Pedir confirmación

- …, ¿me equivoco? / ¿tengo o no razón?
- …, ¿estoy en lo cierto?
- No he entendido bien si…
- ¿Se refiere a que…?

Interrumpir

- Perdone / Disculpe la interrupción, pero…
- Lamento interrumpir, pero…
- ¿Me permite decir algo al respecto?
- ¿Puedo hacer un inciso / una aclaración?

Solicitar una explicación

- ¿Cómo es que…?
- ¿Cómo se explica (el hecho de) que…?
- ¿A qué se debe…?

Características y consejos para los exámenes

PRUEBA 1

Esta prueba consta de **cinco tareas** y un total de **40 ítems** de diferente tipología. Tienes **90 minutos** para hacer toda la prueba.

TAREA 1

Se trata de **comprender** las **ideas principales** y **complementarias** y determinados **datos específicos** de **textos** del **ámbito público, educativo** o **profesional**. Los textos tienen entre 650 y 750 palabras, y pueden ser contratos (de alquiler, de trabajo, de uso de un producto, etc.), prospectos, instrucciones, cláusulas o informes profesionales. La tarea consiste en **responder seis preguntas** con tres opciones de respuesta. (Aquí te damos solo unos ejemplos).

A continuación va a leer un texto sobre reducción de gastos en una comunidad de vecinos. Elija la opción correcta, a), b) o c), para cada una de las preguntas, 1-6.

CÓMO REDUCIR LOS GASTOS DE UNA COMUNIDAD DE VECINOS

1. Cobro a los morosos ausentes

Uno de los problemas al que se enfrentan las comunidades de vecinos es el de aquellos propietarios morosos que han abandonado el edificio sin comunicar su nuevo domicilio –en muchos casos de manera deliberada para dificultar el cobro de recibos, derramas, etc.– o que han fallecido sin pagar lo que debían. En ocasiones, estos adeudos son bastante importantes, sobre todo cuando proceden de reformas u obras de coste elevado, como la instalación del ascensor, la mejora de la cubierta, la rehabilitación de la fachada, etc., y también son cuantiosos aquellos debidos a un impago prolongado. Cobrar esa deuda, que supondría un alivio para los bolsillos de los vecinos y ayudaría a mejorar las cuentas de la comunidad, no siempre es sencillo, y menos aún cuando el deudor no ha dejado constancia de su nueva residencia.

A la hora de reclamar lo que debe un moroso de este tipo y tras haberlo intentado por otros medios, hay que convocar una junta de propietarios y enviar al deudor la debida citación al piso en el que residía, es decir, el de la comunidad que le reclama el dinero. Si no acude a dicha citación –que es lo más probable–, se celebra la reunión con los presentes y se adopta el acuerdo para comenzar la demanda. Si prospera, las autoridades se encargarán de buscar al deudor para que afronte los pagos. En caso de negativa, se puede iniciar un proceso judicial para el embargo de sus bienes, con el fin de hacer frente a la deuda. Aunque el proceso es complicado, es probable que al final el dinero vuelva a la comunidad.

Algo similar ocurre con aquellos propietarios que fallecen dejando cargos pendientes a los vecinos y sin que nadie se haga cargo del piso. En ese caso, conviene ir al registro de la propiedad para saber a quién pertenece la vivienda. En caso de continuar a nombre de la persona fallecida, serán sus beneficiarios los que deberán hacerse cargo de la deuda.

2. Arrendamiento o venta de zonas comunes

Otra de las opciones para obtener ingresos es alquilar o vender alguna zona común, como es el caso de los garajes o los trasteros. Algunas comunidades, sobre todo las nuevas, tienen estos espacios sin ocupar, y aunque suelen ser los promotores quienes se encargan de gestionarlos, en otros casos, sobre todo si se trata de cooperativas, corren a cargo de todos los vecinos. Los ingresos que proporciona la venta o el arrendamiento son importantes y ayudan a afrontar otros gastos del inmueble.

Adaptado de www.consumer.es

Características y consejos
Comprensión de lectura y uso de la lengua

Preguntas

1. Cuando un propietario ya no habita en el inmueble:
   a) No debe seguir pagando por las mejoras producidas en este.
   b) Los vecinos deberán localizarlo para que abone sus deudas.
   c) Debería comunicar a los vecinos su nueva dirección.

2. En caso de fallecimiento de un propietario:
   a) Sus herederos se responsabilizarán de sus deudas.
   b) La vivienda pasará a ser propiedad de la comunidad de vecinos.
   c) Se interpondrá una demanda inmediatamente ante las autoridades pertinentes.

3. Los garajes que no se utilizan pueden:
   a) Alquilarse o venderse con el consecuente gasto para la comunidad.
   b) Venderse a los promotores del inmueble si los vecinos lo acuerdan.
   c) Contribuir económicamente a las cargas del edificio.

Pistas

En la **pregunta 1**, la opción **a)** es incorrecta, ya que los gastos que se produzcan deben pagarlos los propietarios, vivan o no en el edificio. La opción **b)** es igualmente falsa, ya que, según el texto, «las autoridades se encargarán de buscar al deudor para que afronte los pagos». La opción **c)** es la correcta. El texto dice que «han abandonado el edificio sin comunicar su nuevo domicilio [...] de manera deliberada para dificultar el cobro de recibos, derramas, etc.?». Evidentemente, un propietario que cambia de domicilio ahorraría muchos problemas a los vecinos si les comunica su nueva dirección.

En la **pregunta 2**, la opción **a)** es correcta, porque según el texto, «si (el inmueble) continúa a nombre de la persona fallecida, serán los herederos los que deberán hacerse cargo de la deuda». La opción **b)** es falsa, ya que en ningún caso se menciona que la vivienda pase a ser propiedad de los otros vecinos por muchas deudas que pudiera tener el propietario fallecido. La opción **c)** es incorrecta, pues en el texto se explica que solo se interpondrá una demanda para reclamar el pago de las deudas tras haberlo intentado por otros medios. Es decir, no inmediatamente.

En la **pregunta 3**, la opción **a)** es falsa, pues es cierto que los propietarios o promotores pueden vender los garajes, pero no se dice que ello suponga un gasto para la comunidad de vecinos. La opción **b)** también es incorrecta, porque los promotores son quienes normalmente se encargan de gestionar estos espacios sin ocupar como los garajes, no de comprarlos. La opción **c)** es correcta, ya que en el texto se afirma eso mismo con otras palabras diciendo que «los ingresos que proporciona la venta o el arrendamiento son importantes y ayudan a afrontar otros gastos del inmueble».

Características y consejos
Comprensión de lectura y uso de la lengua

TAREA 2

En esta tarea hay que **reconocer la estructura** de un **texto extenso** y **captar la relación entre las ideas**. Los textos tienen entre 550 y 650 palabras, y describen o narran experiencias, planes o proyectos dentro del **ámbito público, profesional** o **académico**: textos literarios, cuadernos de viaje, blogs, artículos de revistas, periódicos, obras de teatro, cuentos, etc. La tarea cosiste en **completar** los **seis huecos de un texto** con seis de los siete fragmentos que se han extraído de él. (Aquí te damos solo unos ejemplos).

A continuación va a leer un texto del que se han extraído seis fragmentos. Después, lea los siete fragmentos, a)-g), y decida en qué lugar del texto, 7-12, va cada uno. Hay un fragmento que no tiene que elegir.

Haciendo camino

De la Iglesia se pueden criticar muchas cosas. Pero que te dejen un sitio para dormir y te den de desayunar por la voluntad es para quitarse el sombrero en los tiempos que corren. Que todo sea dicho.

Hoy me he levantado en una habitación con más de 60 personas. Lo más parecido a una cuadra que he conocido jamás. **7.** _____. Así que con la oscuridad de la noche nos hemos puesto en marcha en busca de la Cruz de Ferro, el primer puerto de montaña del Camino. De aquí a Santiago será un tiovivo. Posiblemente, el más bello de nuestras vidas.

La ciudad de León recibe los primeros rayos del sol con bullicio en sus calles. **8.** _____.

Esta etapa tiene dos partes si hablamos del paisaje. Una primera, cercana a carreteras y donde todavía la planicie domina el Camino, y una segunda, a medida que te acercas a Astorga, completamente en la naturaleza donde el terreno se arruga y eleva buscando las montañas que acabarán entrando en Galicia.

Y como siempre, por el Camino, la amistad. **9.** _____. Eulalio me ha contado los estragos que la crisis está causando en el campo y las penurias que se les avecinan si esto no cambia rápido. Un ciclista que ha perdido su acreditación (sin ella no eres peregrino) ha visto cómo otro se la ha recogido y llevado 40 km más allá sellándosela en cada pueblo para que su olvido fuera una simple anécdota.

Adaptado de www.lamoradadelviajero

Características y consejos
Comprensión de lectura y uso de la lengua

Fragmentos

a) No solo la de mis nuevos amigos y compañeros de ruta, sino también la de esos anónimos peregrinos, o no, que hacen más humano este viaje.

b) Y nosotros hemos sufrido la primera avería mecánica en forma de rotura de radios en la bici de David. Afortunadamente, los problemas en compañía son menos problemas…

c) Se sentía el compañerismo. Se respiraba en el ambiente. Un ambiente solo roto por el frescor que entraba de la calle y que rozaba el cero en la escala Celsius.

d) La gente que entra a trabajar, los uniformados niños que van al colegio y una multitud de peregrinos que ha elegido la capital para pernoctar y coger fuerzas ante la nueva jornada.

Pistas

Cualquier texto bien escrito ha de estar mínimamente ordenado y con una transición clara entre las ideas o los temas que trate. Para ayudarnos, buscaremos fragmentos relacionados con el inmediatamente anterior o, en su defecto, fórmulas claras de transición de un tema a otro.

En este texto, para completar el **punto 7.** debemos buscar un fragmento relacionado con lo que se dice de esa habitación o de las personas que allí están, por eso la opción correcta es la **c)**, en la que se dice que «se sentía el compañerismo».

Para el **punto 8.** conviene encontrar un párrafo que describa el ambiente en las calles de la ciudad. Por eso, la opción correcta es la **d)**: «La gente que entra a trabajar, los uniformados niños que van al colegio…».

Para el **punto 9.** tendremos que buscar algo relacionado con la amistad para completar esa idea, ya que de lo contrario sería demasiado escueta. Así, la opción adecuada es la **a)**.

El fragmento **b)** no iría en ninguna parte del texto. Podría, por su temática, formar parte de este, pero no encajaría en ninguno de estos huecos.

Características y consejos
Comprensión de lectura y uso de la lengua

TAREA 3

Esta tarea consiste en **comprender** el **contenido** o **identificar** la **intención** o el **punto de vista** del autor del texto, captando actitudes y opiniones implícitas o explícitas en **textos periodísticos** de carácter expositivo o argumentativo (artículos de opinión, editoriales, columnas o artículos divulgativos) del **ámbito público**. Se trata de textos de entre 550 y 650 palabras. La tarea consiste en **responder seis preguntas** con tres opciones de respuesta. (Aquí te damos solo unos ejemplos).

A continuación va a leer un texto sobre las lenguas indígenas de América. Después, elija la opción correcta, a), b) o c), para las preguntas, 13-18.

Las lenguas indígenas de América

La mitad de las 1500 lenguas y dialectos indígenas que existían a la llegada de los españoles a América ha ido desapareciendo a lo largo de los últimos cinco siglos.

Sin embargo, al contrario de lo que ocurrió en el caso del inglés o del francés, muchas palabras amerindias quedaron definitivamente incorporadas como préstamos al léxico del idioma español, y aunque en las lenguas amerindias una palabra suele equivaler a una frase completa de un idioma europeo, su influencia no modificó la estructura morfológica del español estándar. Esta incorporación se debió, probablemente, a que los conquistadores españoles se mezclaron con los pueblos originarios de América y esto dio lugar al mestizaje de razas, lenguas, culturas y creencias.

La mayor aportación de las lenguas indígenas al español se plasmó en una herencia léxica que refleja la visión del mundo que tenían los pueblos originarios. Un ejemplo de ello es el nombre de Chile, que proviene de la palabra *chili* (un pájaro parecido al tordo), que es una palabra procedente de las lenguas aborígenes de este país que se han integrado en el español.

Las principales familias de las lenguas amerindias son arahuacana, caribe, maya, yutoazteca, quechua, tupí-guaraní y mapuche, explicó el profesor durante una conferencia sobre «El aporte de las lenguas indígenas al español».

Adaptado de www.takillakkta.org

Preguntas

13. Las palabras amerindias que han pasado al español:
   a) Son solamente 750.
   b) Son todas términos equivalentes a una frase.
   c) Nos permiten conocer algo de la cosmoteoría de los pueblos indígenas.

14. A diferencia de lo sucedido con otras lenguas:
   a) Los idiomas amerindios alteraron la estructura lingüística del español.
   b) Muchos términos autóctonos forman hoy parte del vocabulario español.
   c) El español se impuso e hizo que desaparecieran términos indígenas.

Características y consejos
Comprensión de lectura y uso de la lengua

Pistas

Para resolver esta tarea debes comprender, en primer lugar, el sentido general del texto, pero también prestar atención a los detalles y volver sobre él para encontrar una información concreta.

En la **pregunta 13**, la opción **a)** es errónea, ya que se dice que permanecen vivas casi la mitad de las 1500 lenguas que había. En ningún momento se habla de palabras, sino de lenguas. La opción **b)** es falsa también, porque el texto dice que «en las lenguas amerindias una palabra suele equivaler a una frase completa de un idioma europeo». El uso de *suele* significa que *no siempre*, es decir, no todas equivalen a una frase. Por otro lado, se habla en general de un idioma europeo, no se menciona el español exclusivamente. La opción **c)** es correcta. El propio texto indica que las palabras indígenas que han pasado al español suponen «una herencia léxica que refleja la visión del mundo que tenían los pueblos originarios».

En la **pregunta 14**, la opción **a)** es incorrecta, pues en el texto se dice claramente que «su influencia no modificó la estructura morfológica del español estándar», aparte de que la diferencia con el inglés y el francés es que estos idiomas no integraron tantas palabras indígenas en su vocabulario. La opción **b)** es correcta, ya que en el caso del español se produjo un mestizaje y muchas palabras amerindias quedaron definitivamente incorporadas como préstamos al léxico del idioma español. La opción **c)** es falsa, porque en ningún caso se menciona que el español se impusiera y sí que han ido desapareciendo la mitad de los idiomas que había a la llegada de los españoles: no todos, ni mucho menos.

TAREA 4

En esta tarea hay que **comprender** las **ideas principales** y **complementarias** y **localizar información específica** en **textos** complejos que tratan de aspectos relacionados con el **ámbito público, educativo o profesional**. Los textos pueden ser reseñas o resúmenes de ponencias, tesis o artículos de investigación, programas de eventos científicos, culturales, etc., de entre 100 y 150 palabras. La tarea consiste en **relacionar ocho enunciados** breves con **seis textos**. A algunos textos les corresponde más de un enunciado. (Aquí te damos solo unos ejemplos).

A continuación va a leer seis textos sobre algunos sitios que contienen diferentes tipos de informes. Elija el texto, a)-f), que corresponde a cada enunciado, 19-26. Hay textos que deben ser elegidos más de una vez.

a) Documentos e informes del Banco Mundial

Documentos e informes del Banco Mundial: este sitio proporciona acceso a una colección de informes que en su mayoría son textos completos que están reproducidos en copias obtenidas con escáneres. Hay más de 6000 informes accesibles. Entre estos documentos se incluyen informes de evaluación de proyectos, informes económicos y de sectores, informes de evaluación y estudios, estudios de países y documentos de trabajo (incluidos los documentos de trabajo para la investigación de políticas). Para obtener una lista de los informes disponibles más recientes, haga clic en la opción «Introducir datos» para la búsqueda en la pantalla de búsqueda detallada «World Development Sources». Tema: General. Región: General. Vínculo: https://documents.worldbank.org

Características y consejos
Comprensión de lectura y uso de la lengua

b) Red de Información sobre Población de las Naciones Unidas (POPIN)

POPIN coordina la divulgación de información gubernamental y no gubernamental, y además proporciona acceso a una extensa variedad de información y recursos de datos. Tiene una amplia biblioteca electrónica con vínculos a material bibliográfico, documentos de trabajo, revistas especializadas en línea e informes relacionados con todos los aspectos de la población y la demografía en todo el mundo. Hay una extensa sección de datos estadísticos que incluye el acceso a las ediciones recientes de World Population Prospects y cifras comparativas sobre las tendencias poblacionales y el envejecimiento de la población mundial. Se puede acceder también a un diccionario multilingüe de terminología sobre demografía y salud reproductiva, un directorio mundial de instituciones de población e información de la Conferencia Internacional sobre la Población y el Desarrollo. Tema: Demografía. Región: General. Vínculo: http://www.un.org

c) ELDIS: Sistema electrónico de información sobre desarrollo y medioambiente

Es un portal con recursos relevantes para el estudio de temas sobre desarrollo y medioambiente: catálogos de bibliotecas, bibliografías, proyectos de investigación, listas de correo electrónico y organizaciones relevantes para el sector. Hay vínculos directos a sitios de Internet y descripciones de archivos solo disponibles en papel. Es posible realizar búsquedas por palabra clave. También hay guías sobre más de 60 temas, entre los que se incluyen la cuestión del género y la salud, la ayuda para el desarrollo, los programas de desarrollo y la crisis financiera asiática. Además hay un índice por país con los principales proyectos en materia de desarrollo y vínculos a organismos fundamentales como bancos de desarrollo y agencias de ayuda. Tema: Medioambiente, desarrollo humano general. Región: General. Vínculo: http://www.eldis.org

Adaptado de www.es.shvoong.com/books

Enunciados

19. En este sitio se puede acceder a documentos impresos en papel que han sido procesados como imágenes.

| a) | b) | c) | d) | e) | f) |

20. Algunos documentos no han sido digitalizados, pero se referencian y resumen en este sitio.

| a) | b) | c) | d) | e) | f) |

21. Puede encontrar un tema concreto escribiendo la palabra significativa en el espacio creado con ese fin.

| a) | b) | c) | d) | e) | f) |

22. El sitio facilita la búsqueda de documentos según su fecha de publicación.

| a) | b) | c) | d) | e) | f) |

Pistas

El **enunciado 19** se corresponde con el texto **a)**, pues dice que la mayoría de los textos completos de estos informes «están reproducidos en copias obtenidas con escáneres». El **enunciado 20** corresponde al texto **c)**, pues se dice que en este sitio hay también «descripciones de archivos solo disponibles en papel». El **enunciado 21** se corresponde de nuevo con el texto **c)**, ya que afirma que «es posible realizar búsquedas por palabra clave». El **enunciado 22** corresponde de nuevo al texto **a)**, pues indica que hay una pantalla de búsqueda detallada donde introducir datos y poder así obtener una lista de los informes disponibles más recientes. En ningún otro texto se menciona la posibilidad de búsqueda para obtener resultados ordenados cronológicamente.

Características y consejos
Comprensión de lectura y uso de la lengua

TAREA 5

En esta tarea hay que **identificar** las **estructuras gramaticales** y el **léxico** apropiados para un **texto** extenso, entre 375 y 425 palabras, **de repertorio lingüístico complejo** (extractos de revistas, libros de texto y periódicos especializados) perteneciente al **ámbito educativo** o **público**. La tarea consiste en **completar** los **catorce huecos** del texto con una de las **tres opciones** que se proponen. (Aquí te damos un ejemplo más breve).

A continuación va a leer un texto sobre viajar en solitario. Elija la opción correcta, a), b) o c), para completar los huecos, 27-40.

Viajar en solitario

Viajar es una experiencia transformadora que nos permite conocer nuevas culturas, paisajes deslumbrantes y personas inspiradoras. Aventurarse en un viaje en solitario es más que una simple escapada; es una oportunidad para descubrirse a uno mismo, superar desafíos y sumergirse en la autenticidad de cada destino. Aunque puede ser desafiante, la recompensa es un crecimiento personal significativo y la creación de recuerdos inolvidables. ____27____ aventurarte solo, te das la oportunidad de enfrentar ____28____ desconocido con valentía y descubrir la maravilla de la autoexploración.

Antes de partir es esencial realizar una investigación exhaustiva ____29____ el destino. Investiga la cultura local, las costumbres, el clima y las actividades disponibles para garantizar que estás preparado para cualquier eventualidad. Al planificar tu itinerario, ____30____ un equilibrio entre actividades emocionantes y momentos de relajación para disfrutar al máximo sin agotarte. Asegúrate de que amigos o familiares sepan tus planes y detalles de contacto. Utiliza aplicaciones de seguimiento en línea si es necesario. Además, investiga sobre la seguridad en tu destino y sigue las recomendaciones locales para evitar riesgos innecesarios.

Adaptado de www.ceupe.com

Opciones

27.	a) Para	b) Al	c) Con
28.	a) el	b) lo	c) al
29.	a) sobre	b) para	c) en
30.	a) sustenta	b) sostén	c) mantén

Características y consejos
Comprensión de lectura y uso de la lengua

Pistas

En el **número 27**, la opción correcta es la **b)**, porque la partícula *al* con un infinitivo adquiere un valor temporal y equivale a «cuando», con lo que aquí es como decir «cuando te aventuras solo».

En el **número 28**, la correcta es la opción **b)**, porque cuando *lo* va seguido de un infinitivo, lo sustantiva, es decir, el infinitivo funciona como un sustantivo, que es lo que se necesita aquí.

En el **número 29**, la opción **a)** es la correcta, porque el destino es el objeto de la investigación y no la finalidad *(para)* ni el lugar de esta *(en)*.

En el **número 30** tenemos tres verbos que pueden ser sinónimos en otros contextos, pero en este caso se utiliza la opción **c)**, porque el equilibrio lo mantenemos, no lo sustentamos ni lo sostenemos.

PRUEBA 2  **Comprensión auditiva y uso de la lengua**

> Esta prueba consta de **cuatro tareas** y un total de **30 ítems** de diferente tipología. Dispones de **50 minutos** para hacer toda la prueba. Los textos se oyen dos veces durante el examen.

TAREA 1

Se trata de **comprender** los **puntos principales** y **extraer datos específicos** de un monólogo. Los textos pueden ser charlas, conferencias, presentaciones profesionales, reportajes, documentales, noticias, etc., de extensión media (entre 4,5 y 5,5 min aprox.) en los que se exponen, argumentan y describen o narran ideas, teorías, experiencias o proyectos relacionados con el **ámbito público, educativo** o **profesional**. La tarea consiste en **identificar**, entre **doce enunciados,** los **seis** que corresponden a contenidos del texto. Dispones de **1 minuto** para **leer las anotaciones**. (Aquí te damos solo unos ejemplos).

A continuación escuchará una conferencia en la que se tomaron algunas anotaciones. La oirá dos veces. Después, elija las seis anotaciones que corresponden a esta conferencia, 1-6, entre las doce que se le ofrecen, a)-l).

Anotaciones

a) La civilización maya desapareció porque se acabaron sus reservas naturales.

b) Las enfermedades, la pobreza y la sequía aceleraron la migración de los mayas hacia otras zonas.

c) Uno de los rasgos que caracterizó a la civilización maya fue su continua y amplia repoblación forestal.

d) La enorme dependencia de Centroamérica de la agricultura, la convierte en un área frágil ante el cambio climático.

Características y consejos
Comprensión auditiva y uso de la lengua

Pistas

Las preguntas están basadas en párrafos e ideas que aparecen en el texto, y se presentan de manera más sintética. La clave, pues, se encuentra en localizarlas en el texto y seleccionar de la lista de opciones la que refleje su contenido dicho de otra manera, de ahí que sea importante comprender qué se está diciendo y buscar sinónimos que se correspondan con lo que se dice. Por ejemplo, podemos señalar como correcta la **anotación a)**, que marcaríamos como **1.** La civilización maya desapareció porque se acabaron sus reservas naturales, ya que en el texto del primer párrafo se menciona el agotamiento de recursos naturales, el consumo excesivo y el desgaste de la tierra, es decir, se acabaron sus recursos naturales (de la civilización maya). Por otro lado, el término *reservas*, aquí, es sinónimo de recursos. Esto también nos ayudaría o daría pistas para entender que es una anotación correcta.

TAREA 2

Se trata de **reconocer detalles específicos** o **sentimientos**, **actitudes** e **intenciones** relevantes de los hablantes en **cuatro conversaciones** transaccionales e **informales breves** de **ámbito personal**, **público** o **profesional** (intercambio de puntos de vista, temas abstractos y complejos, adquisición de bienes y servicios, negociaciones de interés general, etc.). Las conversaciones tienen lugar entre dos personas (hombre y mujer), pueden ser cara a cara o telefónicas y tienen una extensión media (1,5-2 min aprox.). La tarea consiste en **responder ocho preguntas** con tres opciones de respuesta. (Aquí te damos solo un ejemplo).

A continuación escuchará cuatro conversaciones. Oirá cada una dos veces. Después, seleccione la opción correcta, a), b) o c), para cada pregunta, 7-14.

Preguntas

Conversación 1

7. El hombre piensa que el alojamiento:
a) Es poco adecuado a sus necesidades.
b) Se adapta a lo que buscan.
c) No es lo que necesita.

8. Según la mujer, el alojamiento ofrece:
a) Servicios propios de un alojamiento rural.
b) Actividades conjuntas para todos.
c) Servicios diferentes a adultos y niños.

Pistas

Para esta tarea es importante distinguir bien la información que aporta cada interlocutor, pues las preguntas suelen estar formuladas como «el hombre dice», «la mujer opina», etc. Además, para que una opción sea correcta, debe serlo toda la información que aparece en ella, no solo una parte.

En la **pregunta 7**, la opción correcta es la **b)** y se obtiene por deducción, a partir de las respuestas del cliente: «Genial; Vaya, eso suena bien», etc.

En la **pregunta 8**, la opción correcta es la **c)**, pues la mujer especifica el tipo de actividades que organizan para los niños cuando dice: «Contamos con un equipo de monitores que programan actividades diarias para los más jovencitos: paseos a caballo, tiro con arco, escalada, talleres, juegos...».

Preparación Diploma de Español (Nivel C1)

Características y consejos
Comprensión auditiva y uso de la lengua

TAREA 3

En esta tarea hay que **captar** las **ideas principales** de lo que se dice, **extraer información concreta** y **detallada** y deducir las posibles implicaciones del entrevistado. Los textos pueden ser entrevistas o debates en medios de comunicación (5-6 min aprox.) en los que se expone, describe o argumenta sobre temas de **ámbito público** y **profesional**: transporte, trabajo, política, sociedad, economía, etc. La tarea consiste en **responder seis preguntas** con tres opciones de respuesta. (Aquí te damos solo unos ejemplos).

A continuación escuchará una entrevista al escritor Juan Rulfo. La oirá dos veces. Después, seleccione la opción correcta, a), b) o c), para cada pregunta, 15-20.

Preguntas

15. Juan Rulfo se formó como escritor:
  a) En la universidad.
  b) A base de leer libros diversos.
  c) Tratando de definir sus gustos.

16. El escritor declara que:
  a) De joven lo influenció mucho un escritor nórdico.
  b) La realidad del mundo nórdico era muy dura.
  c) Admira la intensidad del escritor Knut Hamsun.

17. Para el autor, Pedro Páramo:
  a) Es el verdadero protagonista de su novela.
  b) Intenta regresar continuamente a la tierra.
  c) Es un difunto más de su novela.

Pistas

Normalmente, las preguntas aparecen en el mismo orden en el que aparece la información de la conversación. Es bueno haber leído las preguntas antes de empezar a escuchar la entrevista, y así, señalar la opción correcta en el momento de oírla.

En la **pregunta 15**, la opción **a)** no es correcta, porque en la conversación se dice que la formación «no fue formal, sino arbitraria», y no se menciona la universidad. La opción **b)** es la correcta, porque el escritor dice que se formó a través de «lecturas no sistemáticas, sino de cuanta cosa me caía en las manos». La opción **c)** no es correcta. El escritor también dice que «no hubo [...] una búsqueda de algo que le gustara».

En la **pregunta 16**, la opción **a)** es la correcta, porque el escritor dice de Knut Hamsun que lo descubrió *a una temprana edad* y que le impresionó mucho. La opción **b)** no es correcta, pues la realidad dura no era la del mundo nórdico, sino la de su país, México, de la cual dice «tan duro y tan cortante como era el ambiente en que uno (él) vivía». La opción **c)** no es correcta, porque aunque se dejó influir por este autor, no habla de intensidad, y por lo tanto no es correcta toda la afirmación.

En la **pregunta 17**, la opción **a)** no es correcta, porque según el escritor, se trata de una novela en la que el personaje central es el pueblo. La opción **b)** no es correcta, porque aunque se menciona en la entrevista que las ánimas de los pecadores intentan volver a la tierra, no alude concretamente al protagonista y tampoco es algo que intente hacer continuamente. La opción **c)** es la correcta, porque en la entrevista el autor declara que en el pueblo «todos los personajes están muertos, y aun quien narra está muerto». Es decir, él también es un difunto.

Características y consejos
Comprensión auditiva y uso de la lengua

TAREA 4

En esta tarea hay que **captar connotaciones pragmáticas** y **sociolingüísticas** (intención, estados de ánimo, relación entre los hablantes, etc.) en una serie de **microdiálogos** (15-20 seg cada uno) contextualizados y que contienen expresiones idiomáticas o coloquiales, relacionados con el **ámbito personal**, **público**, **educativo** o **profesional**. La tarea consiste en **contestar diez preguntas** con tres opciones de respuesta. (Aquí te damos solo unos ejemplos).

Usted va a escuchar diez breves diálogos. Escuchará cada uno dos veces. Después, seleccione la opción correcta, a), b) o c), para cada pregunta, 21-30.

Preguntas

Diálogo 1
21. El hermano:
   a) Pide más detalles sobre la fiesta.
   b) Acepta dejarle el coche.
   c) Reprueba a su hermana.

Diálogo 2
22. Sobre la película, María opina que:
   a) No vale la pena.
   b) Está muy bien hecha.
   c) La música es estupenda.

Diálogo 3
23. La respuesta da a entender que:
   a) Hay cierta tensión entre las dos personas.
   b) Mario no sabe nadar.
   c) Las dos personas están de acuerdo.

Pistas

En la **pregunta 21**, la opción **a)** no es correcta, porque es la hermana la que da algunos detalles, pero el hermano no los pide. La opción **b)** tampoco es correcta, porque la respuesta del hermano denota negatividad cuando dice «¿Otra vez?». La opción **c)** es la correcta, porque la expresión «tú de qué vas» denota que el hermano no aprueba o da por mala la actitud de su hermana.

En la **pregunta 22**, las opciones **a)** y **b)** no son correctas porque son verdad en parte, y para que la opción sea correcta debe ser verdad en su totalidad. «Flojilla» denota que no le ha gustado mucho, pero sí la banda sonora; así, la opción correcta, es la **c)**, porque en el diálogo dice que la banda sonora «se sale», esto significa que *es muy buena.*

En la **pregunta 23**, la opción correcta es la **a)**, porque Mario reacciona ante la petición de María en modo brusco cuando dice «no pienso…». La opción **b)** no es correcta, porque «me estoy ahogando», en este contexto, se usa para expresar que alguien simplemente siente calor. La opción **c)** tampoco es correcta porque Mario no accede a encender la calefacción ante la petición indirecta de la mujer.

Características y consejos para los exámenes

PRUEBA 3

 **Expresión, mediación e interacción escritas**

Esta prueba se denomina «Expresión, mediación e interacción escritas (EMIE)», y consta de **dos tareas**. Tarea 1. **Redactar** un **texto** formal **a partir de un audio.** Tarea 2. **Elaborar un texto** formal **a partir de estímulos gráficos o escritos.** Tienes **80 minutos** para hacer toda la prueba.

En esta prueba, además de **evaluarse** la **cohesión**, la **coherencia** y la **corrección** de los textos, se evalúa también la **capacidad** del candidato para **cumplir la tarea**, es decir, para responder a todos los puntos que se piden en el enunciado y que tienen que ver con la **mediación** (resumir, valorar y opinar), en el caso de la Tarea 1, y con la **adecuación** al contexto o situación, en el caso de la Tarea 2.

TAREA 1

Se trata de **comprender** los **puntos principales** de un **texto oral** (una conferencia, presentación o discurso) relacionado con los **ámbitos público**, **profesional** o **académico** y después **redactar** un **texto** de manera clara, detallada y bien estructurada respetando las convenciones y los rasgos del género especificado (entre 220 y 250 palabras), que contenga un **resumen**, una **valoración** y una **opinión** sobre lo que se ha escuchado.

A continuación escuchará parte de una conferencia sobre la literatura escrita por mujeres. La escuchará dos veces y podrá tomar notas. Después, redacte un artículo de opinión (220-250 palabras) sobre ese tema en el que deberá:

- Hacer una introducción sobre el tema.
- Resumir los puntos principales de la conferencia.
- Opinar sobre la propuesta que se hace en el texto y valorar sus efectos en la sociedad actual.

Pistas

Como hemos comentado, esta tarea consiste en mediar textos auditivos para un contexto específico a través de resúmenes escritos, valorar textos y expresar opinión. Para realizarla, debes captar las principales ideas que se expresan en la conferencia. En este caso se tratan temas como las diferencias —innatas o adquiridas— entre hombres y mujeres, las mujeres escritoras y las mujeres lectoras, la importancia de los sentimientos y la represión de estos en nuestra sociedad.

Después, se te pide que redactes un artículo de opinión coherente con el contexto del texto que has escuchado y que, además, deberá contener: una introducción sobre el tema de la conferencia, charla, exposición, etc.; un resumen de los puntos principales de lo que has escuchado; tu opinión sobre lo que propone el conferenciante, y finalmente tendrás que valorar qué efectos o repercusiones puede tener la propuesta en las personas, en la sociedad, en la economía, etc., según lo que se te pida en el enunciado. Si tu texto contiene todos estos elementos, se entiende que has cumplido la tarea de mediación, es decir, has entendido el mensaje, has seleccionado las ideas principales, has transformado el texto y has reducido la información de manera que tu interlocutor entienda lo que ha escrito, en este caso, otra persona. Esto es lo que se va a evaluar, además de la correcta redacción del texto.

Características y consejos
Expresión, mediación e interacción escritas

TAREA 2

Se trata de **redactar** un **texto formal** (entre 180 y 220 palabras) según un contexto específico relacionado con los ámbitos **público**, **académico** o **profesional**. Debe ser redactado de forma clara, detallada y bien estructurada respetando las características y los rasgos del género especificado. Hay que **elegir una** de las dos opciones que se proponen:

Opción 1. Redactar **texto académico**, **informe** o **artículo** que responda a un contexto dado a partir de información gráfica.

Opción 2. Redactar una **carta** o un **correo formal** (reclamación, solicitud, recomendación, etc.) en respuesta a un texto breve.

La introducción de la Tarea indica el contexto (finalidad, género textual y destinatario). Además, tienes una serie de instrucciones para saber qué tienes que hacer y, finalmente, dispones de **estímulos gráficos de apoyo** para tu redacción: Opción 1. Gráfico, infografía o diagrama; Opción 2. Anuncio, noticia breve, reseña, fragmento de artículo de opinión, carta al periódico, etc., que te ayudarán a contextualizar tu propio texto.

Elija una de las siguientes opciones y redacte un texto formal (180-220 palabras) según las indicaciones que se le dan en cada opción.

Opción 1

Usted es un amante de las mascotas y colabora en un blog relacionado con el mundo animal y vegetal escribiendo artículos de diferente temática. En esta ocasión tiene que escribir uno sobre las mascotas que prefieren los españoles. En el artículo deberá:

- Hacer una introducción al tema.
- Describir la situación según los datos proporcionados.
- Mencionar los posibles motivos de las preferencias de la mayoría de las personas.
- Animar a los lectores a comprar o adoptar una mascota argumentando su respuesta.

Mascotas preferidas por los españoles

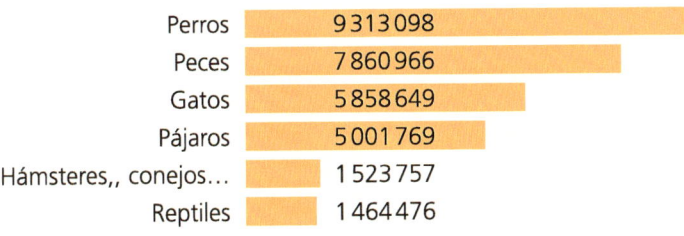

Total: 31 022 715

Mascotas preferidas por los españoles

El reino animal ofrece una amplia variedad de mascotas y cada vez son más las personas que tienen, al menos, una. Según los datos, la mayoría de los españoles prefieren el perro por su lealtad, su compañía y porque les ayuda a socializar. Aquellos que optan por los peces aseguran que es terapéutico y relajante, además de fácil y económico. Los gatos suelen elegirse por su elegancia, su independencia y por no requerir tantos cuidados como los perros. Los siguientes, según las preferencias, son los pájaros, y a gran distancia les siguen los pequeños mamíferos como conejos, hámsteres, etc., que apenas necesitan espacio y son económicos de mantener. A los niños les encanta verlos jugar en sus jaulas.

Características y consejos
Expresión, mediación e interacción escritas

Por último, están los reptiles, que atraen a los amantes de lo exótico. Su elección también se debe a que no hay que pasearlos, no hacen ruido y no sueltan pelo. La elección de una mascota es muy personal, pero todas aportan beneficios y nos hacen sentir que no estamos solos.

Si después de leer este artículo decides tener una mascota, recuerda que es mejor adoptarlas en refugios o protectoras de animales, cuyo objetivo es evitar el abandono animal y encontrarles un hogar, y lo más importante, que la responsabilidad, el compromiso y el respeto hacia los animales son esenciales.

Opción 2

Usted es profesor universitario y uno de sus alumnos le ha pedido una carta de recomendación para poder optar a una beca universitaria y realizar un curso de Literatura Creativa para nuevos talentos. En su carta debe:

- Presentarse.
- Hablar de los méritos de su alumno.
- Explicar los motivos por los que considera que puede ser elegido.
- Despedirse expresando su agradecimiento.

Valladolid, 21 de febrero de 2024

A quien corresponda:

Mi nombre es Fernando Bosque, profesor de Literatura Española y Arte en el máster en Literatura Española y Estudios Literarios en la Facultad de Filología Hispánica de la Universidad de Valladolid. El motivo de la presente es recomendar a Juan López García para una de las becas destinadas a obtener el diploma de Especialización en Enseñanza de la Escritura Creativa que se imparte en la Universidad de Alcalá.

Actualmente, Juan López es alumno en el mencionado máster. Su expediente académico es extraordinario, y puedo asegurarles que tiene un don innato y una inclinación hacia la escritura que merece la pena apoyar. El propio Juan me ha informado de los concursos en los que ha participado y las menciones obtenidas, pero ya había llamado mi atención por la originalidad e intachable prosa de los escritos que publica en la revista semestral de los estudiantes de nuestra facultad, que tengo el agrado de dirigir.

En mi opinión, y por lo anteriormente expuesto, considero que reúne los requisitos para poder optar a una beca y estoy seguro de que no quedarán defraudados de su rendimiento durante el curso.

Para cualquier información, pueden contactar conmigo en la siguiente dirección de correo electrónico: dpto.lityteo@uva.es.

Quedo a su disposición y les saludo atentamente, agradeciéndoles la atención recibida.

F. Bosque

Dpto. Literatura Española y Teoría de la Literatura y Literatura Comparada

Características y consejos para los exámenes

PRUEBA 4  **Expresión, mediación e interacción orales**

Esta prueba se denomina «Expresión, mediación e interacción orales (EMIO)». Consta de **tres tareas**. Tarea 1: **Exposición oral** sobre un tema. Tarea 2: **Entrevista** sobre el tema de la Tarea 1. Tarea 3: **Conversación informal**: negociación para llegar a un acuerdo sobre una cuestión concreta. Hay **20 minutos** para hacer **toda la prueba + 20 minutos** para poder **prepararla**. En esta prueba, además de **evaluarse** la **fluidez** y la **corrección** de los textos, se evalúa también la **capacidad** del candidato para **cumplir cada tarea**, es decir, para responder a todos los puntos que se piden en el enunciado (**mediación**, en el caso de la Tarea 1; **entrevista**, para la Tarea 2; e **interacción**, en el caso de la Tarea 3).

TAREA 1: EXPOSICIÓN ORAL

La tarea consiste en **comprender** la **información fundamental** y **relevante** de **textos** escritos **extensos** y complejos (750-850 palabras) pertenecientes al **ámbito académico** o **profesional** y resumirlos y valorarlos de forma oral. Se trata de una **exposición breve** (3-5 minutos) preparada previamente **a partir del texto escrito** que se ha leído. La exposición deberá contener un **resumen,** una **valoración** de lo que propone el texto y la **opinión** argumentada sobre su contenido. (Aquí te damos un breve ejemplo).

Usted debe hacer una presentación oral (3-5 minutos) sobre el tema del siguiente texto. Durante la lectura puede tomar notas y consultarlas, pero no hacer una lectura de estas.

En su presentación debe:

- Resumir los puntos principales del texto.
- Valorar el texto (interés, novedad, intención del autor, lógica de los argumentos, etc.).
- Opinar sobre el tema.

Más transparentes en un mundo más opaco

Las cosas son ahora más visibles que antaño. Comparen la visita a una biblioteca gótica para leer un solo libro propiedad de no sé quién con el acoso en las pantallas de los móviles, las ocurrencias de los fans en los blogs y no digamos lo que nos cuenta la televisión durante todas las horas del día.

La mayor flexibilidad de los soportes tecnológicos permite visualizar lo que viene con menores márgenes de error que en el pasado. Estos cambios afectarán a la vida cotidiana y el ánimo de la gente, sus resortes y apoyos artificiales como las nuevas formas de vida, el volumen y perfil de la construcción, la participación presencial y, por supuesto, la naturaleza de los Estados que velarán por la gestión adecuada de los excedentes generados.

No es difícil predecir, por ejemplo, que se agotará el carbón y las demás fuentes fósiles de energía, como el petróleo o el gas, en los próximos cien años. En el campo de la energía será muy difícil empecinarse en la continuidad del actual despropósito; no es imposible elucubrar cambios radicales en los medios de transporte.

Características y consejos
Expresión, mediación e interacción orales

A la luz de lo que está ocurriendo con la estructura del Estado y el número de funcionarios en continuo aumento, no es previsible que disminuya su poder. A cien años vista y quizá muchos más, el poder del Estado seguirá aumentando sin ninguna duda y el sentido de desprotección ciudadana exacerbándose. Tampoco aumentará el bienestar de los que vivan en las grandes ciudades; el desorden imperante irá en aumento, la inseguridad se irá extendiendo y las comunicaciones serán cada vez más difíciles por el encarecimiento del transporte.

En cuanto a los ciudadanos, los sociólogos hablan ya de la «desaparición del cuerpo», en el sentido de que la huida de la realidad se concretará todavía más en una mayor ausencia de la vida presencial y un contacto casi exclusivo recurriendo a las redes sociales. La comunicación ya no es por carta –que han desaparecido– y se efectúa cada día más por *e-mail* o apoyada por medios tecnológicos.

¿Cuál será el sello de la comunicación digital? Para imaginárselo, basta con comparar este tipo de comunicación con el soporte utilizado hasta ahora, el papel; o con la memoria humana, extremadamente imprecisa, como están poniendo de manifiesto los últimos experimentos; o comparar las tarjetas de crédito con el dinero contante y sonante.

En definitiva, se habrá aumentado la transparencia. Seremos más transparentes a los demás, pero, al mismo tiempo, el mundo también será más opaco e incomprensible para el individuo. Desapareció para siempre la privacidad a la que estábamos acostumbrados y, poco a poco, tendremos que ir habituándonos a formar parte de muchas más comunidades ajenas y desconocidas.

Extraído de www.eduardpunset.es

Pistas

Durante el tiempo de preparación de esta tarea podrás preparar un guion con notas de apoyo para la exposición del tema. Recuerda que no podrás leerlo, pues se trata de una exposición oral, y tendrás que mirar al examinador al hacerlo. Por ello es importante que lo prepares como un esquema de las ideas que vas a exponer. El guion no es una redacción, recuerda que tienes únicamente 20 minutos. Lo importante es leer el texto con atención y tomar notas siguiendo el esquema: tema principal, ideas secundarias, etc. Esto te ayudará a tenerlo claro en la exposición.

En primer lugar debes extraer la idea principal del texto. Tras una lectura global verás que, en este caso, la idea aparece ya en el título, y además en el último párrafo. Te puedes basar en esto para extraerla. A continuación, las ideas secundarias, siempre de manera resumida, dan varios ejemplos del texto que apoyen esta idea, ¿por qué el mundo será más opaco? Por agotamiento de las fuentes de energía, por la desprotección ciudadana, el malestar de los ciudadanos, etc. Luego, como tienes que valorar el texto, puedes hablar de su interés, de la lógica de sus argumentos o de la intención del autor, que en este caso puede ser de reflexión sobre lo contradictorio que puede resultar un mundo en el que todo está al alcance, pero que al mismo tiempo se convierte en algo oscuro y lejano. Para finalizar, da tu opinión sobre el tema.

TAREA 2: ENTREVISTA SOBRE UN TEMA

Esta tarea consiste en participar en una **entrevista** (4-6 minutos) **sobre** el tema de **la Tarea 1**. El entrevistador te hará una serie de preguntas que debes contestar **argumentando** y **ejemplificando** tu postura y respondiendo de manera fluida.

Características y consejos
Expresión, mediación e interacción orales

TAREA 3: CONVERSACIÓN INFORMAL

La tarea consiste en mantener **una conversación** (4-6 minutos) de **ámbito académico**, **profesional** o **público** con el entrevistador. En esta tarea hay que **intercambiar ideas**, **expresar opiniones** y justificarlas o **hacer valoraciones** con la intención de **negociar** y **llegar a un acuerdo** con el interlocutor. Para ello dispones de una lámina con indicaciones que describen una situación, proporcionan unas pautas para la conversación y muestran cuatro opciones representadas mediante fotografías, carteles, anuncios, eslóganes, etc. (Aquí te damos un breve ejemplo).

Usted participa en un foro sobre temas actuales. El tema que se está debatiendo en estos momentos está relacionado con la vida en el futuro. Hable con uno de los foreros (entrevistador) sobre estas cuestiones relacionadas con el tema:

- Las relaciones humanas.
- La seguridad ciudadana.

Elija una de las fotos que le ofrecemos a continuación para colgar en el foro teniendo en cuenta que deberá ser representativa de las ideas que ha discutido con su interlocutor. Discuta su elección con el entrevistador (4-6 minutos) hasta llegar a un acuerdo. Recuerde que puede interrumpirle, pedir y dar aclaraciones, argumentar, etc.

Pistas

Esta tarea no tiene preparación previa. No has visto antes las fotos, por lo que es importante que leas con atención las instrucciones para entender bien todo lo que se te pide. A continuación, observa las fotos y piensa en si cumplen o no con los requisitos que se te dan. Elige la foto que crees que cumple con más requisitos, y explica por qué la has elegido, argumentando y dando ejemplos. A continuación, probablemente el entrevistador defienda otra foto. Discute con él argumentando por qué crees que es mejor la que tú has elegido. Puede que al final elijáis una tercera foto. No se trata de ganar un concurso, sino de debatir con argumentos. El entrevistador podría convencerte o bien tú a él, lo que se valora en esta tarea es la capacidad de argumentación, no quién gana en la discusión.

Recuerda que se trata de una conversación abierta y que por tanto puedes interrumpir a tu interlocutor, discrepar, pedir y dar aclaraciones, argumentar tus opiniones, rebatir las del entrevistador, etc.

Pistas de audio

PRUEBA 2 Y 3  **Comprensión auditiva**

Pista 1	Examen 1	Prueba 2	Tarea 1
Pista 2	Examen 1	"	Tarea 2
Pista 3	Examen 1	"	Tarea 3
Pista 4	Examen 1	"	Tarea 4
Pista 5	Examen 1	Prueba 3	Tarea 1
Pista 6	Examen 2	Prueba 2	Tarea 1
Pista 7	Examen 2	"	Tarea 2
Pista 8	Examen 2	"	Tarea 3
Pista 9	Examen 2	"	Tarea 4
Pista 10	Examen 2	Prueba 3	Tarea 1
Pista 11	Examen 3	Prueba 2	Tarea 1
Pista 12	Examen 3	"	Tarea 2
Pista 13	Examen 3	"	Tarea 3
Pista 14	Examen 3	"	Tarea 4
Pista 15	Examen 3	Prueba 3	Tarea 1
Pista 16	Examen 4	Prueba 2	Tarea 1
Pista 17	Examen 4	"	Tarea 2
Pista 18	Examen 4	"	Tarea 3
Pista 19	Examen 4	"	Tarea 4
Pista 20	Examen 4	Prueba 3	Tarea 1
Pista 21	Examen 5	Prueba 2	Tarea 1
Pista 22	Examen 5	"	Tarea 2
Pista 23	Examen 5	"	Tarea 3
Pista 24	Examen 5	"	Tarea 4
Pista 25	Examen 5	Prueba 3	Tarea 1
Pista 26	Examen 6	Prueba 2	Tarea 1
Pista 27	Examen 6	"	Tarea 2
Pista 28	Examen 6	"	Tarea 3
Pista 29	Examen 6	"	Tarea 4
Pista 30	Examen 6	Prueba 3	Tarea 1
Pista 31	Características	Prueba 2	Tarea 1
Pista 32	Características	"	Tarea 2
Pista 33	Características	"	Tarea 3
Pista 34	Características	"	Tarea 4
Pista 35	Características	Prueba 3	Tarea 1

Preparación Diploma de Español (Nivel C1)